U1019844

重慶文化民生建设研究

罗锐华 著

西南师范大学出版社
国家一级出版社 全国百佳图书出版单位

图书在版编目(CIP)数据

重庆文化民生建设研究 / 罗锐华著. — 重庆 : 西南师范大学出版社, 2019.8
ISBN 978-7-5621-9911-3

Ⅰ. ①重… Ⅱ. ①罗… Ⅲ. ①文化事业 - 发展 - 研究 - 重庆 Ⅳ. ①G127.719

中国版本图书馆CIP数据核字(2019)第154376号

重庆文化民生建设研究

罗锐华 著

责任编辑: 杜珍辉 张 丽
责任校对: 刘 凯
装帧设计: 闰江文化
排 版: 重庆大雅数码印刷有限公司
出版发行: 西南师范大学出版社
网 址:www.xscbs.com
地 址:重庆市北碚区天生路2号
邮 编:400715
印 刷: 重庆市国丰印务有限责任公司
幅面尺寸: 165mm×235mm
印 张: 10.75
字 数: 170千字
版 次: 2019年11月 第1版
印 次: 2019年11月 第1次印刷
书 号: ISBN 978-7-5621-9911-3
定 价: 30.00元

前言

中国共产党自诞生之日起就十分重视民生问题，为解决中国的民生问题进行了不懈的探索。在不同的历史阶段，民生被赋予的意义和任务也不同。改革开放以来，人民的物质生活得到极大改善。依据马斯洛需求层次理论，人民在满足生存的基础上会追求较高层次的精神文化享受，体现更高的人生价值。于是，如何满足人民日益增长的精神文化需求成了当前民生问题要破解的新课题。要进一步满足人民的精神文化需求，使广大人民群众共享社会发展成果，我们就必须从不断改善民生的高度推进文化建设。

党的十六大报告指出"就业是民生之本"，"民生"概念首次写入新中国成立以来中国共产党全国代表大会的报告中。文化、民生两个关键词逐渐成为中国共产党在新的历史时期的发展重心与工作重点。随着物质生产力的高速发展，中国经济迅速崛起，文化复兴也迫在眉睫。文化的重要意义得到了前所未有的高度关注。与以往的不同之处在于，对两者的关注已经不单单局限于民族、国家、执政党等宏大主体，也不仅仅局限于文化教育的狭隘视域之中，而是突破了主体与视域的种种局限，第一次直接从文化主体——人民群众的文化利益的角度来体现。文化是人民根本利益甚至基本利益的重要组成部分。无论生产，还是消费，人民群众都是文化主体，人民群众不仅仅生产文化，更应共享文化发展成果。

党的十七大报告从多方面对民生问题做了系统的阐述，从总体上做出了部署，具有重大的历史与现实双重意义。尽管报告中没有特别明确地提出文化民生概念，但是报告本身对于文化建设与民生建设所产生的双重促进作用则是不言而喻且影响深远的。我们党和政府坚持以人为本、贯彻落实科学发展观，在不断加强中国特色社会主义民生建设与大力推进中国特色社会主义文化建设的双重实践进程中，文化民生概念的出现是必然的。文化民生对进一步推进文化建设与民生建设都具有不可替代的重要的指导与促进作用。文化与民生在相同的历史时空相遇，共同成为中国共产党在新的历史时期的主题与重点，这种双主题、双重点的格局，成为文化民生概念生成的现实土壤。

党的十八大报告提出："让人民享有健康丰富的精神文化生活，是全面建成小康社会的重要内容。"[①]这充分显现了我们党和国家对人民的文化权益、文化生活的高度重视。文化民生建设是文化建设之魂，唯有立足民生进行中国特色社会主义文化建设，将满足人民的精神文化需求作为出发点，以实现人的全面发展作为归宿，才能在实践上真正推动社会主义文化的发展。

① 胡锦涛：《胡锦涛文选》（第三卷），人民出版社，2016年版，第639页。

党的十九大报告指出:“坚持在发展中保障和改善民生。增进民生福祉是发展的根本目的。必须多谋民生之利、多解民生之忧、在发展中补齐民生短板、促进社会公平正义。”[①]把保障和发展民生作为中国特色社会主义基本方略的主要内容,强调“保证全体人民在共建共享发展中有更多获得感,不断促进人的全面发展、全体人民共同富裕”[②]。规定了保障和改善民生的普惠性,反映了新时代坚持和发展中国特色社会主义的内在要求,为进一步做好保障和改善民生工作指明了前进方向,为进一步推动文化民生建设指明了前进方向。

如何将文化这种人的内在需求、动态需求和终身需求转化为民生建设的动力,怎样从民生的高度把握文化建设的方向,怎样使文化民生建设的具体措施与广大人民的切身利益相契合,是重庆市文化民生建设不可回避的问题。研究重庆文化民生建设既是当前重庆文化建设的阶段性需求反映,又拓宽了民生课题的研究范围和内容;既对解决当下困惑和困难具有现实意义,又对未来文化发展规划建设具有战略意义。

① 习近平:《决胜全面建成小康社会 夺取新时代中国特色社会主义伟大胜利——在中国共产党第十九次全国代表大会上的报告》,《新华网》, http://www.xinhuanet.com//mrdx/2017-10/28/c_136711274.htm。

② 同上。

目录

第一章 文化民生的理论意蕴

基本概念阐释　文化民生研究述要

文化民生的理论基础

理论意蕴

第一节　基本概念阐释

一、文化民生的基本内涵

是否重视文化民生建设，关乎民生建设的完整性，更关乎人的生存与发展的全面性，而要进行文化民生建设，必须首先厘清其基本内涵。

（一）文化的基本内涵

“文化”是一个较为复杂的概念，中外学者进行了长期的研究，形成了多种解释和阐述的理论成果。国外学者中，泰勒给“文化”所下的定义对后世影响深远。他认为：“从广义的人种论的意义上说，文化或文明是一个复杂的整体，它包括知识、信仰、艺术、道德、法律、风俗以及作为社会成员的人所具有的其它一切能力和习惯。”[①]如果说泰勒是基于社会学的视角定义文化，那么马林诺夫斯基则站在人类学的角度赋予文化另一种含义：“那一群传统的器物，货品，技术，思想，习惯及价值而言的，这概念实包容着及调节着一切社会科学。”[②]塞缪尔·亨廷顿等则认为：“从纯主观的角度界定文化的含义，指一个社会中的价值观、态度、信念、取向以及人们普遍持有的见解。”[③]

国内学者对于“文化”一词的内涵也有颇多研究，普遍认为可以分成广义的文化和狭义的文化两种。广义的文化是将其看成人类认识自然、改造自然、创造文明的一切活动及其产物，主要包含三个层面。一是精神文化。精神文化也称为观念文化（以心理、观念、理论形态存在的文化），它包括存在于人心中的文化心态、文化心理、文化观念、文化思想、文化信念等和已经理论化对象化的思想理论体系，即客观化了的思想两个部分。二是制度文

① 泰勒：《原始文化》，蔡江浓，编译，浙江人民出版社，1988年版，第1页。

② 马林诺夫斯基：《文化论》，费孝通，等译，中国民间文艺出版社，1987年版，第2页。

③ 塞缪尔·亨廷顿、劳伦斯·哈里森主编《文化的重要作用——价值观如何影响人类进步》，程克雄，译，新华出版社，2002年版，第3页。

化。制度文化是人们为反映和确定一定的社会关系并对这些关系进行整合和调控而建立的一整套规范体系。三是物质文化。物质文化是指人在物质生产活动中所创造的全部物质产品，以及创造这些物品的手段、工艺、方法等。[①]著名学者张岱年也认同从广义的角度定义文化："文化有着复杂的内容，包括哲学、宗教、科学、技术、文学、艺术、教育、风俗等，是一个包含多层次、多方面内容的统一的体系。"[②]狭义的文化"包括着种种知识，包括着道德上、精神上及经济上的价值体系，包括着社会组织的方式，及最后，并非最次要的，包括着语言，这些我们可以总称作精神方面的文化"。[③]

马克思、恩格斯的理论中尽管包含着深邃丰富的文化思想，但他们并未给文化一个清晰而又明确的界定。他们在论述中没有大量提及"文化"一词，而是频频使用精神生产、精神生活、社会意识、意识形态、文明、思想等与文化相关的词语。梳理马克思、恩格斯经典文本中关于文化的论述，可发现他们主要在三种情况下使用文化概念：第一，在表达相对于经济和政治两种形式之时。"思想、观念、意识的生产最初是直接与人们的物质活动，与人们的物质交往，与现实生活的语言交织在一起的。人们的想象、思维、精神交往在这里还是人们物质行动的直接产物。表现在某一民族的政治、法律、道德、宗教、形而上学等的语言中的精神生产也是这样。"[④]在这一概念里，马克思、恩格斯认为文化是人类社会实践的一种精神产品，它的产生离不开物质活动，确认了文化的非物质性。第二，在表达文明之意时。恩格斯在《反杜林论》中提出了著名的论断："文化上的每一个进步，都是迈向自由的一步。"[⑤]将文化泛指为人类的文明，在这种意义上文化与文明属同一范畴，文化即广义的文化。第三，在阐述人们掌握知识的程度、文化修养之时。马克

① 刘进田：《文化哲学导论》，法律出版社，1999年版，第292—296页。

② 张岱年：《文化与哲学》，教育科学出版社，1988年版，第42页。

③ 费孝通：《费孝通论文化与文化自觉》，群言出版社，2005年版，第20页。

④ 中共中央马克思恩格斯列宁斯大林著作编译局：《马克思恩格斯选集》（第一卷），人民出版社，2012年版，第151—152页。

⑤ 中共中央马克思恩格斯列宁斯大林著作编译局：《马克思恩格斯全集》（第二十卷），人民出版社，1971年版，第126页。

思、恩格斯经常将“文化”一词与“水平”“教养”等连在一起使用,如“因为进行这些革命的个人都由于自身的文化水平和所处的历史发展阶段,而对他们自己的活动本身抱有种种幻想”[①]。马克思、恩格斯对“文化”一词在多种情况下的使用,必然需要我们也从多维角度理解其著作中的文化含义。

中国共产党在建设社会主义现代化过程之中,不断深化“文化”一词的内涵,大致形成了三种理解:“一是大文化,既包括物质文明,也包括精神文明,是指人类在改造客观世界和主观世界过程中所形成的物质财富和精神财富的总和。二是中文化,把它与一定的社会政治、经济对应起来,这种理解在党的文献中使用较多,包括思想道德和科学教育。三是小文化,社会主义精神文明建设中的文化建设属于此类,主要指语言、文学、艺术等,这个层面上的文化理解相对狭窄。”[②]中国共产党文化理论中的文化指的是狭义的文化,比较接近于中文化的概念,是以马克思主义为指导的社会主义文化,是经济、政治、文化、社会、生态“五位一体”中的文化。本书主要基于狭义的角度理解文化的含义,并据此探讨文化民生建设。

(二)民生的基本内涵

研究文化民生,就要对民生概念进行比较准确、恰当的界定。中国“民生”概念滥觞于先秦时代。《尚书·大禹谟》中提及“正德、利用、厚生”,这里的“厚生”正是“厚民生”的略语,说明“厚生”一词包含了“民生”的观念。《左传》中提及“民生之不易”与“民生在勤”,是已知最早的“民生”概念的出处。虽然“民生”概念在现存的先秦古籍中出现不多,也没有确切的界定,却蕴含了朴素的民生思想,体现了对民生价值的追求。资产阶级民主革命的先行者孙中山先生赋予“民生”以新的内涵。他不仅认为“民生就是人民的生活——社会的生存、国民的生计、群众的生命”[③],还指出“民生就是政治的中

① 中共中央马克思恩格斯列宁斯大林著作编译局:《马克思恩格斯选集》(第一卷),人民出版社,2012年版,第196页。

② 孟宪平、曹小春:《马克思主义话语体系中的“文化范型”分析》,《南京政治学院学报》,2013年第5期。

③ 孙中山:《孙中山文集》(上册),团结出版社,1997年版,第231页。

心，就是经济的中心和种种历史活动的中心”。[①]孙中山把民生主义与民族主义、民权主义并列为三大“革命纲领”，将民生提升至国家大政方针的高度。他“把民生问题当作了人类生存的基础、社会结构的中心和历史发展的动力，进而把解决人民生活问题的民生主义提升为哲学层面的民生史观”。[②]孙中山认为国家建设的首要之事即为民生，实行民生主义能够保证经济生活上人人平等，共同富裕。

当前学术界，一般认为民生概念有广义和狭义之分。广义上的民生概念就是一切直接或间接同民众有关的事情，可以延伸至经济、政治、文化、社会、生态等多个领域，认为民生是一个综合性概念，充分强调民生的重要性。而狭义的民生是基于社会层面定义的，“所谓民生，主要是指民众的基本生存和生活状态，以及民众的基本发展机会、基本发展能力和基本权益保护的状况，等等”。[③]一般我们论及“社会民生”时，就是从狭义的角度理解和把握民生。

通过研究中国共产党和国家的相关民生政策，我们可以发现其民生概念是基于广义的内涵来定义的，是在对经济、政治、文化、社会、生态文明和党的建设的综合考量的前提下界定的。经济民生改善人民的物质水平；政治民生保障人民群众正当的政治权利；文化民生落实人民群众合法的文化权益；社会民生确保人民群众享受住房、医疗、教育等公共服务；生态文明民生使人民享受自然资源和自然环境。党的领导是实现上述民生目标的基本前提和根本保障。随着社会的不断发展，民生不仅仅局限于经济领域，还逐渐深入人们的精神生活、政治生活和社会生活，以人的全面发展为其终极目标。

（三）文化民生的基本内涵

“文化民生”概念脱胎于“民生”概念，既指文化层面上的人民生计，也指

---

①孙中山：《孙中山文集》（上册），团结出版社，1997年版，第252页。

②孙中山：《孙中山思想概论》，天津人民出版社，2009年版，第117页。

③吴忠民：《民生的基本涵义及特征》，《中国党政干部论坛》，2008年第5期。

人民生计中与文化相关的内容。民生既包括物质层面的民生,自然也包含精神文化方面的民生。依据马斯洛需要层次理论,当人的低级需要得到满足以后,较高层次的精神文化需要就会产生。改革开放以来,人民群众的物质生活水平有了显著的提高,文化需求变得日益突出,文化生活俨然成为人们日常生活的重要组成部分。因此当前中国最主要的民生问题已经不囿于广大人民群众能不能吃饱穿暖,而是如何进一步解决人民的精神文化的丰富性问题,使广大人民群众共享社会发展成果。文化民生在形成的过程中,内涵变得越来越丰富。有学者依据结构层次,从形而上层面、心理禀赋层面和现实层面来界定文化民生;也有学者定义文化民生为民众应该拥有的各项文化权利。无论何种定义都明确了文化民生不完全等同于物质类民生,而是对物质类民生的有效补充和延伸发展,是全面性民生建设不可忽视的重要内容,更是民生发展阶段更高级的一种形式。文化民生既关注承载民众知识获取、技能培育、智力开发、文化权利保障的物质载体建设,以保证有形之支撑,也重视精神价值层面上的生存意义、意识形态、信仰追求、人生价值以及生命终极关怀,等等。所以,我们可以从较为广义的概念去定义文化民生,认为文化民生是国家或社会组织通过供给文化设施、文化产品和文化活动,使民众树立合乎历史发展和社会进步的价值观,满足民众的基本文化需要并切实保障人民群众的文化权益。

二、文化民生的主要内容

(一)塑造人民群众的精神信仰

文化民生要解决的核心内容是如何安顿广大群众的精神生命,塑造人们的精神信仰。文化民生既区别于传统意义上的衣食住行之类的民生,也并非单纯的文艺活动之类的民生,它着力解决的是精神、意识、观念、信仰等方面的问题。塑造人民群众的精神信仰包括:一是树立人民正确的人生观、价值观,使其坚定理想信念。树立正确的价值观,才会有正确的文化态度、文化立场。社会主义精神文明建设所倡导的道德观念，社会主义核心价值体系所包含的具体内容，毫无疑问是文化民生的核心之所在。正确的理想信念能够起到约束作用，它为人们提供灵魂归宿、精神支撑与精神满足，为人们的行为提供价值标准、道德规范，使人知荣辱善恶。二是化解人民精神上的焦虑，使其调节好失衡的心态。社会民生建设可以解决就业、教育、医疗、住房和收入分配等问题，但不能化解人民群众可能会滋生的焦虑感、挫败感、剥夺感、不公正感等负面情绪，这就需要文化民生发挥人文关怀、心理疏导的作用，解决精神之惑，消弭忧郁感、失落感与不平衡感等不良情绪。

（二）保障人民群众的文化利益

文化利益是"人类在物质和精神活动中对精神需求的满足。具体地说，文化利益既是主体为获得经济利益而追求的精神性需要，又是主体对自身精神文化领域（如思想观念、文学艺术、教育科学等领域）需求的直接满足。前者表明文化利益是主体追求经济利益的一种手段，后者表明文化利益是主体在精神文化领域所追求的目的"。①文化利益具有多样性，"出于不同社会地位，拥有不同生活资料和生产资料以及拥有不同财产和权力的人，他们精神生活的需要必将是大异其趣的。必定存在着文化利益的多样性、多元性和多层次性，具有文野俗雅之分"。②文化利益是共享性的，因为文化利益在现实中可以为群体中的大多数成员享有，没有排他性，不同的使用者可以享有同样的资源，且没有时间和空间的限制。

2001年，中国共产党提出了"文化利益"一词，"我们党要始终代表中国最广大人民的根本利益，就是党的理论、路线、纲领、方针、政策和各项工作，必须坚持把人民的根本利益作为出发点和归宿，充分发挥人民群众的积极性、主动性、创造性，在社会不断发展进步的基础上，使人民群众不断获得切实的经济、政治、文化利益"。③保障人民群众的文化利益不仅要确保民众的

---

① 吕健、余政：《文化利益初探——基于经济学视角分析》，《复旦学报（社会科学版）》，2010第2期。

② 张怡：《论文化利益》（博士学位论文），复旦大学，2005年，第67页。

③ 江泽民：《江泽民文选》（第三卷），人民出版社，2006年版，第279页。

日常文化活动顺利开展，满足民众的文化需求，同时要确切保护民众创造出的文化成果。尊重和保护人们所创造的文化成果是党和政府的重要责任。任何形式的文化作品、文化创意都不允许被抄袭、剽窃，所创造的文化成果带来的经济利益也需要受到保护。

（三）公民行使的文化权利

在西方文化中，“权利”有两层含义：一是合法性的正当权力和利益；二是“个人的自主性”。这两层含义，前者强调要符合法度和道德，后者强调只要不危害他人利益或公共法则就可以拥有。“依照权利的两层含义，文化权利也可以分成两个方面。就第一层意思来说是你应该获得怎样的文化机会和文化待遇，就第二层意思来说，则是你可以自主地表达这一文化态度，自主地进行自己的文化实践。”①公民行使的文化权利包括了以下内容：文化创造的权利、文化选择（接受）的权利、文化消费的权利以及文化批评的权利。

“文化创造是大众文化权益的最高层次表现。”②文化创作的主体是人民群众，要生产创造出体现中国特色、蕴含中华文化精神的文化产品，就必须通过经济、政治、文化、社会实践而非凭空的臆想。正因为文化创造的主体是人民，就必须赋予人民大众创造文化的权利，使他们能够更好地创造出不同的文化产品。保障人民群众文化选择（接受）的权利，是因为不同年龄段、不同性别、不同文化层次的人，对于文化产品的选择是有差异的，我们不能够简单地判定其高下。只要他们的选择符合法律法规，没有侵害他人和社会的利益，就需要承认其正当性。对不同人士的文化选择差异予以尊重，才能更好地进行文化民生建设。文化消费的权利也是文化权利的重要方面。要使人们自愿且乐于行使这项权利，不仅需要党和政府的正确引导，更需要公益性的文化机构和非公益性的文化企业提供更多更好、适销对路的文化产品和服务，否则会影响文化民生的实施效果。文化批评的权利即民众可以通过网络、电话、信件、媒体等各种渠道，对各种不良的社会文化现象进行

---

① 王绍培：《文化之为权利——评〈文化权利：回溯与解读〉一书》，《南方论丛》，2005年第4期。

② 贺善侃等：《国际大都市公益文化比较研究》，学林出版社，2010年版，第30页。

批评，充分凸显民众的文化自觉性。

（四）供给文化产品、文化设施和文化服务

提供文化产品、文化设施和文化服务是文化民生的主要内容。相关机构和个体通过对文化硬件设施的供给和对文化生活的指导、组织以及对文化价值的表达，来满足人民群众的精神文化需求。当下人们的物质需求得到了极大的满足，但日益强烈的精神文化需求并没有得到切实的满足，这对中国经济、社会的发展产生了重要的影响。文化民生就是要供给丰富多彩、种类纷繁、催人积极向上的文化作品，创作出贴近实际、贴近生活，老百姓喜闻乐见的优秀精神文化产品。完善的文化设施和充裕的文化场所是开展经常性文化活动的基本保障，丰富的文化活动能让民众感受到健康文化氛围的熏陶与润泽。党和政府应当为大众提供图书馆、文化馆、博物馆、体育馆、影剧院、美术馆等基本的公共文化场所，确保民众通过广播、电视、网络等渠道获取文化信息。如果说文化设施、文化场所是硬件配置，那么文化服务则是必不可少的软件。党和政府应向人民群众提供均等优质的文化指导、文化服务，在满足人的现实文化需要方面发挥巨大作用，使其精神文化生活舒适和幸福。

第二节　文化民生研究述要

党的十七大以来，文化民生作为新兴语词随着民生建设和文化建设的深入拓展日趋引起学术界、舆论界等社会各界的普遍关注和深入思考。学者们从不同角度对文化民生的内涵界定、特征分析、作用阐释、对策探究等的论述构成了对文化民生的多维度理解，这种多维度的理解对深入研究文化民生有积极的启迪意义，其广度和深度在学术界的共同探究下有所拓展。笔者试从文化民生内涵、特征、作用和意义这三个基本角度对党的十七大以来文化民生研究作一简要梳理和分析。

一、文化民生的内涵

《辞海》解释“民生”为“人民的生计”，“民”为人民，“生”即生活、生计，它是一个综合性概念，涉及人民群众最关心、最直接、最现实的利益问题。从横向看，民生由经济、政治、文化、社会生活和生态建设各个方面组成；从纵向看，民生问题不仅贯穿个人“从生到死”的生命历程，也伴随时代变迁和岁月洗礼，始终都是各个社会中民众所孜孜追求且难以脱离的一个基本方面。党的十七大报告首次专门把民生问题作为一个章节单列出来，尽管报告中没有特别明确地提出文化民生的概念，但其中对于文化建设与民生建设所带来的双向启示意义是不容忽视的。

所谓文化民生，学术界较为一致地认为是“文化层面上的人民生计”，广义的文化指人类在社会发展中所创造的物质财富和精神财富的总和，狭义的文化分为器物性文化、制度性文化和精神性文化，我们所说的文化民生是从狭义的角度来说的。目前中国学术界对文化民生内涵主要有三方面的观点：

(一)层次说

主要从结构上对文化民生内涵进行界定:一种是将文化民生自身进行层次划分。如柳礼泉、肖冬梅将文化民生分为三个层面:“一是形而上层面,如人民的精神、观念、信仰、理想等问题;二是心理禀赋层面,如人民的性情、才能、思维、意识、无意识、潜意识等问题;三是现实层面,如生活方式、伦理仪式、风俗习惯、交流方式、文化权利等问题。”①这一界定则涉及器物性和制度性文化民生。将文化民生进行层次划分,可以透过其复杂外延更清晰地认识到文化民生建设的内容。另一种是将文化民生视为相较传统民生更高层次上的一种民生。民生的满足有“解困、解忧、解愚、解闷”四个层次,而文化民生的着重点就在于“解愚与解闷”。李宗桂认为,文化民生既不是传统意义上的衣食住行之类物质意义上的民生,也不单纯是现时某些人所说的唱歌跳舞旅游休闲之类很表面化的民生。文化民生所要解决的首要问题,是广大群众的精神生命的安顿问题,亦即安身立命之道的解决问题。②从而将文化民生视为基于民生又高于民生,源于生存困惑又超越生存困惑的深层次诉求——精神安顿。这一看法倾向于将文化民生的侧重点放置于精神性文化民生,突出对人民价值引导、信仰建构以及生命终极关怀的重视。

(二)权益说

权益说是基于中国特色社会主义背景下文化民生的内在属性而展开的。当谈及文化民生时,学者们多认为文化权益的保障与公共文化服务体系的建设是文化民生的基本点,文化民生本质上是文化权益的普及和保障、文化资源的公平共享。而如何有效普及和保障民众文化权益则是文化事业与文化产业发展中都不可忽视的两个方面。文化权益包括文化权利和文化获益:文化权利主要包括文化创造的权利、文化选择(接受)的权利、参与文化活动的权利、享受文化成果的权利及文化成果受到保护的权利等;而文化

---

① 柳礼泉、肖冬梅:《文化民生:改善民生进程中一个需要深切关注的领域》,《湖南大学学报(社会科学版)》,2010年第6期。

② 李宗桂:《提升软实力重在文化民生》,《人民论坛》,2007年第20期。

获益是民众通过文化权利而获得的各方面的利益，既有实在的物质利益，又有无形中的发展潜力、机遇等。何继良认为应“把保障人民基本文化权益的工作作为民生问题的基本内容”[①]。刘莲香在《论文化也是民生》一文中也提出，“文化惠民是文化民生的核心。要实现文化惠民，就要实现文化的公益性、基本性、均等性和便利性”[②]。权益说更加突显了文化民生的公共性这一特质。党的十七大报告提出的“使人民基本文化权益得到更好保障，使社会文化生活更加丰富多彩”[③]以及党的十八大报告中提出的“加快推进重点文化惠民工程”[④]等，突显了人民群众作为文化民生建设的主体地位。

（三）需求说

需求说从文化民生概念产生的角度进行阐述：首先，人的需求促使文化民生的确立。文化对于人来说，是一种内在需求、动态需求和终身需求，特别是当人的物质生存需求得到一定程度的满足后，随之而来的就是关于如何生存的精神需求问题。文化民生概念的确立，正是基于现实的人的现实需求，契合了当下人民群众的内在诉求。其次，民生发展的现状推动文化民生的确立。文化民生的确立不是脱离了具体生存境遇和历史时期的超时空构想，而是民生发展成熟的自然产物。中国社会民生实践是一种从基础型向享受型发展，从单一性向多样性、全面性发展的历史过程。可以说，文化民生产生于民生实践，也将成熟于民生实践。最后，社会发展的需求孕育着文化民生的产生。文化民生的产生契合了社会需要：在国际上，文化“软实力”的重要性在全球化进程中日趋凸显；在国内，文化的共建共享与当前中国强化民族自信、凝聚社会共识、巩固智力支撑、推进文化创新等需求不谋而合。文化与民生在相同的历史时空相遇，顺应了中国经济社会转型发展的趋势和要求，两者共同成为中国共产党在新的历史时期的发展主题与重

---

① 何继良：《关于构建公共文化服务体系、保障人民基本文化权益的若干问题思考》，《毛泽东邓小平理论研究》，2007年第12期。

② 刘莲香：《论文化也是民生》，《福建省社会主义学院学报》，2011年第5期。

③ 胡锦涛：《胡锦涛文选》（第二卷），人民出版社，2016年版，第639页。

④ 胡锦涛：《胡锦涛文选》（第三卷），人民出版社，2016年版，第639页。

点，有效整合成为“文化民生概念生成的现实土壤”。[①]

文化民生产生于人与社会双重发展的需要，孕育和成熟于社会实践的发展中。文化民生既区别于传统“衣食住行”等物质类民生，又是其有效补充和延伸发展，是全面性民生建设不可忽视的重要内容，更是民生发展阶段更高级的一种形式。文化民生是物质属性与精神属性相结合的产物，包含物态与意态两种形态。文化民生既关注承载民众知识获取、技能培育、智力开发、文化权利保障的物质载体建设，以保证有形之支撑，也重视精神价值层面上的生存意义、意识形态、信仰追求、人生价值以及生命终极关怀的熏濡，以保证无形之内化。

二、文化民生的特征

虽然对于民生观、民生特征进行多维透析的论文数量较多，且在现实中，文化民生实践正在如火如荼地展开，但是目前学界鲜有专门针对文化民生特征进行分析的文章。只有厘清其概念、把握其特征，才能在文化民生建设中更有针对性和有效性，进而才能明确当下中国需要构建怎样的文化民生发展模式。

综合对文化民生在实践中的发展以及对其概念的研究，笔者认为文化民生具有以下特征。

（一）人本性

人本性是马克思、恩格斯民生思想的出发点和立足点，也是当前中国文化民生的鲜明特征。马克思恩格斯的目光始终不曾离开对人的发展和人类前途命运的关注，并将满足“现实的人”的需要作为民生思想的逻辑起点。在他们看来，现实的人是社会存在和发展的前提，人既是民生发展的动力，又是民生发展的目的。人本性是其民生思想的重要特征，文化民生继承、发展并且充实了马克思、恩格斯民生思想的人本性。文化民生以解放和发展

① 刘近：《文化民生概念生成逻辑的历史考察与当下审视——基于改善民生与主流意识形态认同辩证关系的视角》，《天津行政学院学报》，2012第6期。

文化生产力，满足广大民众对文化多样化、个性化、全方位的需求，改善人民文化生活为目标；解决文化发展为了谁、依靠谁、成果由谁分享等基本问题；以促进人自由全面发展为价值归宿，使人的生存意义从"市民社会中的存活"向"人类社会诗意地栖居"进发。文化民生的实现过程就是人不断增强文化自觉、提高文化自信、得以文化自立，从而实现主体的对象性活动圆满完成，最终获得自我解放的过程。

（二）批判性

批判性蕴含于马克思、恩格斯民生思想的阶级基础和哲学基础中，而文化民生亦有其自身的批判性。文化民生的批判性不但体现在最广大人民群众的现实立场和辩证唯物史观的理论基石上，也体现在其对现实的敏锐把握上，即指向现实，审视当下。这种指向不仅是对当下人民群众日益高涨的文化需求的体察，更是对时代特点的总结，对现阶段世情、国情的洞悉，对民生发展的历史、现在和未来的理性审视和反思。通过对当前民生改革与建设进行辩证的否定以促进民生不断向前、不断深入，通过不断完善的文化权利保障、文化需求体认以克服人的片面发展和消除人在发展过程中的不公平，通过精神信仰的关怀和意义世界的构建以消除物化民生扩张过程中人文信仰的缺失对人全面发展的羁绊。

（三）渗透性

文化为人民所创造，文化也时时刻刻、无所不在地塑造、影响着人。文化民生问题随着人实践活动的深入而凸显，其形成、发生、发展与解决的过程深深地熔铸在人类社会进步的历史过程中。从个人素养、习惯、价值选择到民族性格、国家形象，文化民生广泛渗透并作用于人们的日常活动中，发挥着潜移默化且至关重要的作用。文化民生的渗透性有两层意蕴：一方面体现在它"润物细无声"地普遍作用于人与人、人与社会的互动中，没有人能脱离文化的熏濡，没有哪个民族能摒弃文化的力量；另一方面体现在文化繁荣与民生提升的互相渗透上，文化繁荣与民生提升相互生成，两者统一于人的实践创造活动，完善于实践的进步。民生的发展与改善为文化的可持续性发展构筑空间，而文化的融入又为民生向现代化进军提供内在动力，两者互为条件、互相渗透，融入人与社会发展进步的潮流中。

三、文化民生的作用和意义

学者们对于文化民生作用及意义的阐述各有其视角：

（一）文化民生与人的角度

可从文化民生对于人民诉求的满足、发展的促进、价值的实现等方面展开论述。如薛岳指出，强调文化也是民生，就是要让文化发展成果最大程度地惠及人民群众，用人文的情怀关怀人、疏导人、引导人，丰富人们的精神文化生活。①柳礼泉认为，从理论上讲，文化民生是历史唯物主义关于人民群众主体地位的原理在社会主义新的实践中的发展和运用，并体现出我党“一切为了群众，一切依靠群众”的群众观点。②总之，文化民生具有教化人、促进人、涵养人、完善人的意蕴和作用，具体体现在以下几个方面：保障人的文化机遇、权利、资源和平台的丰富性与公正性；提升人的文化生产能力增加文化消费层次，提升文化享用水平的时代性与先进性；关怀人的精神世界，激发人的文化创造活力，提升人的幸福感。

（二）文化民生与文化建设的角度

可从文化民生对于文化软实力的提升、文化强国的构建之意义进行论述。如张春霞认为，“社会主义文化强国建设之路本质上就是中国特色社会主义文化建设道路，而满足人民基本文化需求、实现文化民生则成为社会主义文化强国战略的逻辑起点与基础”。③把中国建设成为真正意义上的文化强国，要从作为内因的文化民生建设开始，强国必须强民，强民重在强魂，

---

① 薛岳：《怎样理解“文化也是民生”?》，《红旗文稿》，2010年第18期。

② 柳礼泉、肖冬梅：《文化民生：改善民生进程中一个需要深切关注的领域》，《湖南大学学报（社会科学版）》，2010年第6期。

③ 张春霞：《文化民生是文化强国战略的逻辑起点与基础》，《实事求是》，2013年第2期。

从而把文化民生作为实现文化强国的逻辑起点与基础。这一观点将文化民生建设突破民众个体福利的视野,放到强国的高度上。柳礼泉、肖冬梅则从文化生产力、文化"软实力"与文化民生三者的互动关系出发,指出"发展文化生产力、文化软实力是改善文化民生的基础和前提,当文化生产力、文化软实力的发展不符合时代要求时,改善文化民生就欠缺了实践平台和坚实根基,文化的'以人为本'发展就会受到阻碍。"[①]郭新茹和韩顺法着眼于文化民生与经济现代化、生态现代化、社会现代化建设之间的关系,探究文化民生对现代化建设具有的推动作用。[②]杨亚非认为文化民生关系到中国民众文化权利的实现与精神世界的构建,关系到社会主义意识形态在民众中的有效传播。[③]

(三)文化民生与国家建设的角度

学界或从文化民生对于推进全面建成小康社会的意义进行探讨。如李萍认为"文化民生是建设更高水平小康社会的必然选择"[④],文化民生建设对于调控社会关系、改善社会生态、推进社会进步具有深远影响;或从文化民生对于改善中国民生整体样态的作用进行论证,认为中国推进文化民生的过程,也是民生领域结构和层次提升的进程,文化的凸显是民生向现代化转型和发展的重要力量;或针对文化民生建设对于社会主义意识形态认同、内化、践行的作用等进行探究,如温兆标认为文化民生的建设是推进社会主义意识形态大众化的关键路径,对增强社会主义核心价值观提供了心理共识、文化认同和价值追求。[⑤]

文化民生建设既是民生建设的拓展深化,也是文化建设的本质回归;既是人全面自由发展的重要保障,更是文化强国的逻辑起点以及全面建成小

---

① 柳礼泉、肖冬梅:《论文化生产力、文化软实力与文化民生的互动关联和协调发展》,《马克思主义与现实》,2012年第1期。

② 郭新茹、韩顺法:《文化民生:率先实现现代化的新探索》,《现代经济探讨》,2014年第6期。

③ 杨亚非:《文化民生:中国民生建设之题中要旨》,《学习论坛》,2014年第8期。

④ 李萍:《文化民生及实现路径探析》,《行政与法》,2012年第5期。

⑤ 温兆标:《文化民生:社会主义意识形态大众化的新路径——以江苏的生动实践为例》,《长白学刊》,2010年第6期。

康社会的内核部分。文化民生建设一方面与文化发展紧密相连，将文化发展回归到民生本位，凸显了中国特色社会主义社会共建共享以及公平正义理念的深化；另一方面，文化民生延伸了民生关怀的广度和深度，以文化引领民生建设，有助于民生建设内涵与质量的双重提升。从个体角度看，文化民生问题关乎每个人的生存与发展、自由和尊严的实现；从整体角度看，文化民生维系着全民幸福感和小康社会的全面性，影响社会可持续发展的整体态势，是对全球经济意识形态下的中国社会精神意识形态乏力和民众精神文化饥渴现象的有力回应。

四、中国化马克思主义文化民生思想

文丽丽阐述毛泽东文化民生思想为：一是新民主主义革命和社会主义社会为人民大众的需要和文化民生的发展提供了可能和条件；二是人民物质生活中需要文化元素的加强，需要文化的教育；三是文化民生的发展可以推动经济社会其他的发展。[①]刘佳楠认为邓小平强调了当代中国精神文明建设的重要性，为文化民生的逐步形成奠定了坚实的思想基础。[②]刘强认为江泽民的文化民生思想可以概括为中国特色社会主义文化论，“建设有中国特色的社会主义的文化”和“代表中国先进文化的前进方向”的文化发展战略。[③]博云娇认为胡锦涛的文化民生思想就是在文化上满足人民日益增长的文化需求，包括人民群众的精神需求和文化权利，关注百姓对精神文化的热切需求，使百姓精神世界越来越丰富，文化生活越来越精彩，在经济发展基础上提高人民生活质量。[④]

五、习近平文化民生建设方略

大多数学者是基于对党的十八大以来习近平发表的重要讲话、语录以

① 文丽丽：《论马克思主义文化民生思想的形成与发展》，《求索》，2016年第3期。
② 刘佳楠：《当前中国农村文化民生建设问题研究》（硕士学位论文），齐齐哈尔大学，2016年。
③ 刘强：《新时期文化建设思想的发展及启示》，《党史文苑》，2015年第5期。
④ 博云娇：《胡锦涛民生思想探析》（硕士学位论文），曲阜师范大学，2014年。

及重要会议报告记录的分析来探究其文化民生建设的方略。综合来看,主要有三个方面:一是文化民生建设的战略地位。文丽丽认为,习近平深刻理解了文化民生建设在社会主义核心价值观培育和全面建成小康社会进程中的战略地位,对文化民生的发展蓝图有了更加清晰的构想。[①]陈宇洁关注到了习近平在各类会议和讲话中多次强调文化对于整个民族和人民发展的重要性,她认为习近平在兴国之策与立人之本的双重价值上论证了文化民生建设,将人民的文化生活质量和人生梦想贯穿于中国梦的内容中,以全面深化改革的举措去支持人的发展、关怀人的精神。[②]二是文化民生建设的主体。许多学者研究了习近平文化民生建设的人民性论述。于伟峰等认为,习近平强调要增强人民群众社会主义文化建设的主人翁意识,每一个公民要履行文化义务,行使文化权利,要将文化建设同民生建设结合起来,实现文化民生的新发展。[③]温朝霞等认为,习近平文化民生建设的根本就是坚持文化建设的人民性,坚持党性与人民性的统一,坚持以人民为中心的工作导向,坚持文化为人民服务的方向。[④]三是文化民生建设的目的。郑文杰等人认为习近平强调了文化民生建设要实现人民文化利益,要非常重视文化事业和文化产业的发展,要以深化文化体制改革来实现和维护人民的文化利益、满足人民对文化的需求。[⑤]还有学者认为习近平重点关注到了文化民生建设最终是否实现人的全面发展问题。

六、中国文化民生建设的问题

学者们在探讨文化民生建设时,认为目前制约我国文化民生建设的主要因素有:一是经济发展水平不高从而影响文化民生建设。学者普遍认同相对落后的经济发展水平在一定程度上制约了文化民生的发展。杨亚非提

① 文丽丽:《论马克思主义文化民生思想的形成与发展》,《求索》,2016年第3期。
② 陈宇洁:《当代中国文化民生建设研究》(硕士学位论文),华东师范大学,2015年。
③ 于伟峰、魏亚文:《论马克思主义民生思想的中国化》,《河南理工大学学报(社会科学版)》,2014年第3期。
④ 温朝霞、仇妙芹:《论习近平以人民为本的文化思想》,《探求》,2016年第5期。
⑤ 郑文杰、徐碧英、李良中:《习近平人民利益实现路径思想研究》,《乐山师范学院学报》,2015年第11期。

出中国民生文化建设缺乏必要的物质基础，当前中国民生文化建设的基础设施和设备比较陈旧，文化信息共享资源相对缺乏，制约了文化建设的发展与公众文化素质的提高。[①]二是文化民生建设思想观念陈旧的问题。陈宇洁认为一方面政府对文化发展的重要性认识不够，只是将其当成经济发展的附庸品；另一方面，中国的文化市场之中充斥着利益导向化的行为，文化民生建设中不乏噱头多于实质的表面化、形式化倾向。[②]三是文化民生财政投入不足的问题。崔兆瑞认为由于对文化民生财政投入不足，严重影响到公共文化服务体系建设，导致多地修建的文化设施徒有虚表，缺少真正的要素。[③]四是文化民生政策体系不完善的问题。李萍认为文化民生没有完善的政策、法制和有效监督考核机制作保障，政府也缺少科学完善的文化民生实施考核标准，监督、问责机制明显缺失。[④]

七、中国文化民生建设的途径

如何推进文化民生建设的途径研究主要有以下四个方面：一是树立正确的文化民生建设理念。学者普遍认同以科学发展理念指导文化民生建设，认为必须要树立科学的文化民生建设理念，并把其作为文化民生建设实践的理论基础。白润生认为确立文化民生理念，要以科学的态度认识传统文化，取其精华，去其糟粕，应当成为全体同仁的共识。[⑤]二是发展文化产业。骆威指出以文化产业发展助推文化民生建设，文化民生才有真正的飞跃条件，得以深化和拓展，可以通过扩大规模总量、调整产业结构以及聚集高端人才等具体的途径实现。[⑥]三是改善文化民生建设的制度环境。郑晓

① 杨亚非：《文化民生：中国民生建设之题中要旨》，《学习论坛》，2014年第8期。

② 陈宇洁：《当代中国文化民生建设研究》（硕士学位论文），华东师范大学，2015年。

③ 崔兆瑞：《文化民生及其实现路径研究》（硕士学位论文），吉首大学，2014年。

④ 李萍：《文化民生及实现路径探析》，《行政与法》，2012年第7期。

⑤ 白润生：《确立文化民生理念，发展少数民族新闻事业——学习习近平总书记系列讲话体会》，《民族论坛》，2015年第2期。

⑥ 骆威：《浙江文化民生的六大实现路径》，《政策瞭望》，2012年第12期。

幸认为要加强文化立法,推进文化繁荣发展进程中的法制化建设。[①]四是以公共文化服务推动文化民生建设。韩顺法等提出,加快构建覆盖城乡、结构合理、功能健全、实用高效的公共文化服务体系,保障人民群众的基本文化权益,是一项具有普惠性的重要工作。[②]

国外尚无文化民生建设的提法。国外学者对民生的研究大多是探讨人道主义理念、民生关怀、"社会福利"和"国家福利理论"等。威廉·贝弗里奇在《贝弗里奇报告》一书中论述了福利国家的基本政策原则——"3U"(Universality、Unity、Uniformity)原则,即普享性原则、统一性原则和均等性原则。[③]由于先发优势,发达国家和地区公共文化服务起步较早,积累了不少好的经验,对我国文化民生建设有借鉴意义。如,法国政府认为文化是全体公民的福利和基本权利,参与文化活动、享受文艺作品是每个人的自由,人人都应当平等地参与并享受文化成果。政府采取多项措施促进文化普及活动,努力使每个公民特别是那些工资收入较少和社会地位较低的人能够有平等参与文化活动的机会。[④]英国提出艺术应在全国范围内发展的原则,对财政资源和艺术资源的合理配置进行重估,调整国家、地区和地方的分配比例,以支持艺术在全国范围内的发展。[⑤]

① 郑晓幸:《论文化大发展大繁荣进程中的文化民生建设——四川加强文化民生建设的实践探索与新的思考》,《中华文化论坛》,2013年第5期。

② 韩顺法、樊飞燕:《文化民生建设的路径探索》,《改革与开放》,2015年第17期。

③ 丁东红:《论福利国家理论的渊源与发展》,《中共中央党校学报》,2011年第2期。

④ 苏旭:《世界各国文化概览·法国文化》,文化艺术出版社,2001年版,第21页。

⑤ 范中汇:《世界各国文化概览·英国文化》,文化艺术出版社,2003年版,第28页。

第三节 文化民生的理论基础

社会契约论的形成与发展，为国家起源和政治合法性提供了合乎逻辑的解释。当代以罗尔斯为代表的新契约论，对社会结构正义问题的阐释，为西方公共服务的理论和实践提供了法理依据。有别于西方国家，中国缺乏系统化的民权理论，但民本主义却是中国政治思想的根基，其中蕴含的民权意识和民生思想，成为构成当代中国民生政治观念的文化传统的重要内容。社会主义政权在中国的确立，使"人民主权"原则成为制度规范，为保障公民权提供了法理依据，也为民生发展提供了制度基础。改革开放特别是党的十八大以来，中国政府推进的以公共服务为依托的"民生政治"，使社会政策保障公民权利、维护公共利益的价值诉求、促进社会公正、改善人民福祉的现实目标逐渐清晰起来，不仅为公共服务理论提供了逻辑论证，也为公共服务实践提供了行动准则。

一、西方社会的契约理论

社会契约论又称"民约论"。社会契约论虽然形成于西欧中世纪晚期，但其思想观念却源远流长，可以追溯到古希腊时期。古希腊的自然哲学家们，将人类社会视为自然秩序的一部分，认为自然法是人类社会的最高法则，提出了关于均衡、和谐等自然正义的观念，并将其直接运用于社会政治领域，形成了关于城邦的正义等思想。随着城邦民主制在希腊的形成和发展，智者学派开始专注社会政治问题，展开了对"自然"与"约定"的哲学辩论，其中蕴含着自然法、契约论的思想萌芽。伊壁鸠鲁明确提出了社会契约的思想萌芽，他从精神的宁静是人生的幸福这一观点出发，强调个人的独立和自由，主张人们在自愿的基础上通过相互约定结成社会国家。他认为设立国家的目的是保障人们的安全。为了防止抢劫和发生彼此侵害的行为，人们相互约定,不侵害他人,也不受他人的侵害,以达到个人的幸福。[①]

理论来源于实践,是实践的升华,同时又为实践提供指导,与实践共振。社会契约论伴随近代国家的形成而兴起。格劳秀斯、霍布斯、洛克、卢梭等人将西方两大政治传统——自然法与契约论有机地联结起来,初步形成了近代意义上的社会契约论思想。格劳秀斯吸收斯多葛派自然法理论,确立普遍理性,否定上帝的意志,认为自然就是人性、理性,是人的生活需要。格劳秀斯认为:“他们在社会中和平共处的社交性。凡是符合这种社会冲动、符合作为有理性的社会存在的人的本性的,便是正确的和正义的;凡是扰乱社会和谐而与之对立的便是错误的和非正的义的(非正义的)。”[②]霍布斯从人的理性和经验出发来解释国家的产生及其基础,认为国家是人们为避免处于“人人自危”的境地而产生的。霍布斯以自私自利的人类的本质假设为出发点,认为自然状态下人与人之间的关系如狼与狼之间的关系一样。为寻求和平,人们就有必要在他们之间共同达成一项契约,“我承认这个人或这个集体,并放弃我管理自己的权利,把它授予这人或这个集体,但条件是你也把自己的权利拿出来授予他,并以同样的方式承认他的一切行为”。[③]洛克以清新而富有逻辑的推理,论证了国家的产生及其合法性问题。他坚持“天赋人权”的原则,要求权力分立,以保护权利、防止专断,认为国家权力是有限的,人们让渡给国家的只是保护自己不受侵犯的权利,而不是任意伤害他人的权利。洛克把权力与权利的关系建立在个人权利只是部分让渡、政府权力有严格的界限、个人权利是目的、社会权威是手段的理性思考上。[④]卢梭是社会契约论的集大成者,他从社会状态中因人的理性、私有财产而产生的人与人的冲突出发,论证了国家的起源问题,指出社会契约的宗旨是“要寻求一种结合的形式,使它能够以全部共同的力量来防御和保护每个结合者的人身和财富;而同时又使每一个与全体相联合的个人只不

① 陈耀彬、杜志清:《西方社会历史观》,河北教育出版社,1990年版,第67页。

② 埃德加·博登海默:《法理学——法哲学及其方法》,邓正来,等译,华夏出版社,1987年版,第39页。

③ 霍布斯:《利维坦》,黎思复,等译,商务印书馆,1985年版,第131—132页。

④ 潘云华:《“社会契约论”的历史演变》,《南京师大学报(社会科学版)》,2003年第1期。

过是在服从自己本人，并且仍然像以往一样地自由”。[①]卢梭论证了“主权在民”的思想，指出了合法性的唯一源泉即“合意”。

17世纪和18世纪是社会契约论全盛时期。社会契约论经由格劳秀斯、霍布斯等人发轫，而后经洛克、卢梭等人完善而日趋成熟，其被称为古典契约论。在之后的一百多年里，社会契约论陷入沉寂。至18世纪下半叶，经罗尔斯、诺齐克、布坎南等人重新阐发才得以重现辉煌，形成了新的理论形态，即新契约论。由罗尔斯所引发的“新社会契约论”思潮，已经认识到了社会多元化的现实。如果说古典的社会契约论提出“社会契约”社会建构原则的时候仅仅意识到了社会差异化的事实，是基于在差异性个体之间寻找共同的普遍性规定的目的而提出社会契约的假定，那么，“新社会契约论”进行理论思考的时候，则认为个体的人的差异已经游离出了思想主题的中心，所要回答的则是迅速分化的人群如何共处和共同行动的问题。古典社会契约论思考的是在差异性的个体间寻求普遍性，而新社会契约论则提出了社会合作的方向。新社会契约论与古典社会契约论在理论追求上表现出了不同的功能：古典社会契约论要求理解和规范原子化的“个体的人”之间的竞争关系，而新社会契约论则要求在社会契约的基础上建构起“群体合作”的框架。[②]罗尔斯认为，“群体合作”需要寻求一个正义的概念来充当指南，告诉人们为了实现自由、平等的价值，应该如何通过理性协定的方式来安排社会资源，从而解决或消除社会的利益冲突。罗尔斯指出，“正义是社会制度的首要德性”[③]。一个国家若想取得合法性，就必须把正义的原则确立为首要价值。

梳理社会契约论历史脉络，有助于认识契约论的知识谱系和内在关联，理解社会契约论的理论关切和核心主题。社会契约论萌芽于古希腊时期，

---

① 卢梭：《社会契约论》，何兆武，译，商务印书馆，1963年版，第20页。

② 张康之：《合作的社会及其治理》，上海人民出版社，2014年版，第86页

③ 约翰·罗尔斯：《正义论》，何怀宏，等译，中国社会科学出版社，2009年版，第4页。

其核心点在于探讨城邦政治的正义问题；中世纪统治契约[①]的理论主题是权力合法性问题；近代发展起来的古典契约论旨在解释国家的起源与政府的合法性问题；当代以罗尔斯为代表的新契约论则突出了其对社会正义问题的解释功能。

社会契约论是一种国家起源的解释范式，是对超自然主义的国家观点和自然主义的政治理论的替代性解释。超自然主义的观点认为，国家是源于上帝的意志而形成的，政治权威的合法性是建立在上帝的意志基础上的，这一解释路径形成的典型的理论形态即君权神授论。

自然主义政治理论认为，政治生活包括国家都是自然生成的结果，它既不依赖也不需要任何出于人类意志的有意识的行为。这一观点最具影响的例证是亚里士多德创设的自然生成论。社会契约论认为，国家既不是自然生成的，也不是超凡的非人间力量意志的产物，国家根植于人类生活，源于人的自我维持自我保存的需要，是人在理性指引下出于安全、便利、合作等考虑通过缔结契约而形成的。社会契约论使人们对国家起源的解释从“天国”回到了“人间”，建立了人作为实践主体与政治国家之间的联系，从而为国家权威、合法性等问题的解释提供了理论范式。

从政治哲学的角度看，社会契约论的解释路径在于说明：国家权威是建立在合意(即一致同意)基础上的。如果个人的意志是理性的而不是任意的，人们基于长期的、理性的自我利益的考虑是可以达成意思一致的，从而通过理性协定，即社会契约建立国家。国家权威之所以合法，是因为人们对其形成和服从是自愿的，社会契约论将政治权威的合法性置于人们一致同意或普遍认可的基础之上，从而使国家权威超然于社会之上，获得了对任何个人和社会团体的优越性。[②]当然，国家权威是人们出于自我维护的需要，

---

① 统治契约的概念是在中世纪形成的，是与中世纪欧洲的封建割据的政治社会状况相联系的。统治契约论不探讨社会与国家的起源，而是探讨在国家已经存在的情况下，在统治者和被统治者之间订立的一种契约，它旨在规定统治者的权力范围和被统治者的义务范围，在历史上主要被用作反对专横肆虐的君主专制统治的理论武器，为某种类似于现代西方的非暴力反抗乃至暴力反抗作辩护。(何怀宏：《自然状态与社会伦理》，载梁从诫主编《现代社会与知识分子》，辽宁人民出版社，1989年版，第98页。)

② 迈克尔·莱斯诺夫等：《社会契约论》，刘训练，等译，江苏人民出版社，2006年版，第14—15页。

在让渡人的自然权利的基础上形成的,期望通过国家实现公共和平与安全、谋求社会正义。因此,国家应当担负起保障公共安全、维护社会秩序、满足公共需要的职责。唯有如此,国家的正当性才能得到确证。政府作为国家的正式代表,其合法性是以其正确履行国家职能为前提的。国家职能源于社会的共同需要,政府的行为理应以社会需要为导向,而不能专断独行、肆意妄为,因为政府的权力根本上是来自人民的,来自人的自然天赋权利的部分让渡。人在自然状态下就不享有"支配另一个人的生命、自由和财产的专断权力",[①]因此政府的权力应当受到限制。保护人的生命、自由和财产权利是政府的基本职责,也是政府合法性的基础。

当代契约论者罗尔斯、诺齐克等人发展的新契约论,拓展了契约论的视域与主题,使其从古典契约论对国家起源和政府合法性问题的论证,转向对社会制度和社会结构的正义问题的阐释上。罗尔斯认为,正义的"首要主题是社会的基本结构(the basic structure),或更准确地说,是社会主要制度分配基本权利和义务,决定由社会合作产生的利益之划分的方式"[②]。他的正义观关注的是如何评价社会基本结构,"正是公平的正义原则决定了社会的基本结构如何分配基本的权利、义务和社会物品"[③]。罗尔斯指出,正义理论应当将人视为目的,必须奉行个人拥有不可侵犯的权利和自由的观念,并以此作为社会制度创设和优化的基本准则。[④]罗尔斯提出了一种以公平为基础的正义理论,认为国家的政治结构及经济与社会安排在社会正义中具有重要意义,"我们可以认为,一种公共的正义观构成了一个良序的人类联合体的基本宪章"[⑤]。

与罗尔斯有所不同,诺齐克偏爱自由。诺齐克认为:自由与平等是不相容的,人权与自尊的基础在于个人的自由而非社会的平等;正义并非必然系于再分配,正义的核心在于个人持有之资格。他进而指出,"管理最少的政

① 约翰·洛克:《政府论》(上篇),叶启芳,等译,商务印书馆,1982年版,第83页。
② 约翰·罗尔斯:《正义论》,何怀宏,等译,中国社会科学出版社,2009年版,第6页。
③ 文长春:《正义:政治哲学的视界》,黑龙江大学出版社,2010年版,第167页。
④ 约翰·罗尔斯:《正义论》,何怀宏,等译,中国社会科学出版社,2009年版,第3—5页。
⑤ 约翰·罗尔斯:《正义论》,何怀宏,等译,中国社会科学出版社,2009年版,第4页。

府就是最好的政府”,“国家的正义就在于尊重逻辑在先的个人资格正义”[①]。可以说,罗尔斯和诺齐克“建立了美国政治哲学中并驾齐驱的两种模式”[②],他们都强调个人的权利,只是关注的视野有所不同——罗尔斯强调的是个人的应得权,诺齐克强调的则是个人的资格权。然而,“资格权离不开法律规则的认可,应得权离不开道德准则的允诺”[③]。诺齐克与罗尔斯二人如同一枚硬币的两面,缺一不可。诺齐克理论是罗尔斯理论的底线,罗尔斯理论是对诺齐克理论的修正。真正的正义之链,一头是诺齐克,另一头则是罗尔斯。如果我们一开始遵循着诺齐克的激进道路前行的话,我们中途也会靠拢罗尔斯。无论选择诺齐克式道路,抑或选择罗尔斯式道路,逻辑上都会决定我们无法偏废与离弃任何一方。这两种理论模式有着共同的主题——正义,并给出了实现社会正义的理论方案。

近代以来,社会契约论的形成与发展,为国家起源和政治合法性提供了合乎逻辑的解释范式,为西方政治制度、法律制度、社会制度的确立提供了合理性论证,并促进了现代民主制度在西方世界的建立和完善。依循社会契约论的逻辑,人民的一致同意构成了国家正当性的基础,而人民的一致同意则源于人理性的利益关切;政府作为国家事实上的代表,其合法性依赖于对国家正当性的维护。从根本上来讲,维护和实现人民的根本利益,是构成政府合法性的最可靠的基础。社会契约论者奉行的“主权在民”的观点为此做出了最好的注脚。社会契约论蕴含的“主权在民”思想、公民权利意识、有限政府理念,为现代公共行政提供了理论样式和实践规范。现代意义上的“公共服务”,与社会契约论的主题不无关联。特别是当代以罗尔斯为代表的新契约论,对社会制度和社会结构的正义问题的阐释,为公共服务的理论和实践提供了法理基础。作为当代公共行政主流理论的公民权理论、新公共服务理论等,与社会契约论都有着深远的理论渊源。美国行政学家登哈特夫妇倡导的新公共服务理论,就蕴含着社会契约理论的一些基本要素,提

---

① 文长春:《正义:政治哲学的视界》,黑龙江大学出版社,2010年版,第182页。
② 赵敦华:《当代英美哲学举要》,当代中国出版社,1997年版,第441页。
③ 文长春:《逻辑在先的个人权利——诺齐克的政治哲学》,中央编译出版社,2006年版,第269页。

出要将宪政主义的价值观置于优先地位，主张将公民权利、公共利益、公共责任确认为公共服务的核心准则。

契约论的实践意义主要体现于其对于民主政治发展的贡献。无论是卢梭还是洛克或罗尔斯等人的契约论思想都反映了一种民主政治的价值取向，这是众多契约论思想家的共性。《利维坦》的作者霍布斯在强调君主统治的主权不可分割时，也同样坚定"如果自然使人人平等，那么平等就应当得到承认"[①]这一基本观点，"恰当理解的分配的正义是裁决者的公正，不在于依照每个人的美德与恶行成比例进行分配，而是公平地对待所有人"[②]。因此，自由、民主、平等等价值贯穿契约论思想发展脉络的大部分，并在近代资本主义产生与发展后的西方政治思想中得以凸显。

契约精神在当代或许早已或本就不是国家起源的正确假设，而只是为了某种政治目的或理论演绎的一种理论假设而已。科学的国家起源思想应该从摩尔根的《古代社会》和恩格斯的《家庭、私有制与国家的起源》中找到正确答案。但是这不能成为否定契约论价值的论据，因为契约论产生之初的时代是古希腊时代，契约论的论据中关于自然状态的唯物主义的论述已经颇有实践与理论价值，从某种层面上说，契约论思想为国家的合法性寻求了在那个时代较为科学合理的理论依据。

20世纪以来，"政治正义问题主要体现在分配领域，分配正义成为聚讼焦点"[③]，并围绕着"分配与平等"的主题展开。这种分配正义观，体现在其正义原则所规导下的福利国家创设中。公共服务，不仅蕴含着保障基本人权、维护公民权利的核心关切，而且彰显出政府存在的根本目的和社会发展的基本取向。公共服务作为民主政府的基本职责，自然应遵循人民主权学说的主张与逻辑。因此，完全可以说，社会契约论为当代西方国家公共服务的发展及其制度安排，特别是明确政府在公共服务中的责任担当提供了基础性的法理依据。

---

① 列奥·施特劳斯、约瑟夫·克罗波西主编《政治哲学史》（第三版），李洪润，等译，法律出版社，2009年版，第400页。

② 同上。

③ 文长春：《分配正义及其局限》，《马克思主义与现实》，2007年第3期。

二、中国的民本思想

"民本"精神是中国文化的精髓之一，历史上各个时期都有体现。民本思想是中国政治思想史中的重要内容，无论是在先秦诸子的论著、秦汉儒学的经典、宋明理学的典籍中，还是在隋唐诸帝的君道理论、明清王朝的统治思想中，都或隐或现地蕴含着"民本主义"的思想情结，形成了独特的民本政治话语。这种理论话语，隐约可见民权意识的印记，蕴藏着丰厚的民生思想传统。

先秦是中国文化的发祥期，中国的政治思想、哲学思想，逐渐萌芽并发展起来。梁启超说，"综观此时代之学术思想，实为我民族一切道德、法律、制度、学艺之源泉"[①]。《尚书》提出的"民惟邦本，本固邦宁"的观点，蕴含着深刻的民权理念。"'民惟邦本'是一个关于价值法则和政治法则的判断，是一个关于人民的主体资格的判断，还是一个关于政治合法性的判断。"[②]《荀子·大略》中"天之生民、非为君也。天之立君，以为民也"即论证了天民关系与君民关系，蕴含着"君因民"而立的观点，隐晦地表达了民众拥有自身利益的思想。"儒家之民本思想可谓至孟子而奠大基，二千年来之大儒，虽在君主专制的气氛之下，仍无不坚守孟子'民贵君轻'之义。"[③]

明末清初，一些进步思想家如黄宗羲、顾炎武等人提出了"公天下"的思想，指出"天下为主，君为客"，君主与臣民一样应当服务于"天下公利"，并试图通过制度革新建立对君主权力的制衡机制，其中包含着对作为权利要素的力量与能力的"倚重"。[④]在中国古代政治思想中，民权依赖于民本而存在和表达，民本成为民众权利诉求的凭借和政治合法性的标尺，但民本思想仅停留在"天生民而立为君"的认知层次。总的说来，中国传统的民本学说里"还缺乏明确的作为制度操作概念的民权"[⑤]。

---

① 梁启超：《梁启超全集》（第二册），北京出版社，1999年版，第563页。

② 夏勇：《民本与民权——中国权利话语的历史基础》，《中国社会科学》，2004年第5期。

③ 金耀基等：《三民主义与儒家思想》，中央文物供应社，1978年版，第8页。

④ 夏勇：《民本与民权——中国权利话语的历史基础》，《中国社会科学》，2004年第5期。

⑤ 夏勇：《民本与民权——中国权利话语的历史基础》，《中国社会科学》，2004年第5期。

清朝中叶以来，封建专制政治的腐朽与没落，使中华民族陷入沉重的危难之中。出于“救亡图存”“图强自保”的需要，一批先进的知识分子纷纷面向西方诸国，译介其政治著作，一时间“西学东渐”蔚然成风，“权利”一词得以产生并生根发芽。讲求权利逐渐发展成为一种“规则的道德”，并最终实现了从“天生民而立为君”向“天生民而授之权”的观念转化。这种转化，是在欧洲启蒙思想与中国民本传统的共同催生下实现的，与民本思想传统有着明显的渊源关系。[①]王韬提出的“天下之治，以民为先”[②]的观点，反映出其对传统民本思想的尊重；而他所倡导的“君民共治”政体，是在结合中国民本思想与西方民权理论的基础上形成的。梁启超认为，“春秋大同之学，无不言民权者”[③]，“三代以后，君权日益尊，民权日益衰，为中国致弱之根源”[④]。谭嗣同认为，“中国所以不可为者，由上权太重，民权丧失”[⑤]。何启、胡礼垣指出，“谓国而无民权，无异于谓天之无日月”。[⑥]这一时期，进步思想家和维新派阐释、论证的民权思想，旨在召唤赋民众以权利，以达到改制变法、救亡图存的目的。在这一过程中，民权概念得以初步形成，但作为民权核心要素的自由、民主等观念未能普及。中国民主主义革命的先驱孙中山提出了“三民主义”，将民权与民族、民生并立，民权成为政治革命的一面旗帜。中共早期领导人陈独秀、李大钊等人对“民权”也多有论述。陈独秀说，“吾国欲图世界的生存，必弃数千年相传之官僚的专制的个人政治，而易以自由的自治的国民政治也”[⑦]，强调立宪政治的关键在于尊重人民主动的地位并赋予人民自由权利。李大钊提出人与人之间“只有自由联合的关系”应该建立“纯正的‘平民主义’”的社会。[⑧]以毛泽东为代表的中国共产党人，在中国革命和建设的实践中，以马克思主义的阶级学说为理论基础，继承并发展了中国

① 夏勇：《民本与民权——中国权利话语的历史基础》，《中国社会科学》，2004年第5期。
② 王韬：《弢园文录外编》，上海书店出版社，2002年，第15页。
③ 梁启超：《湖南时务学堂课艺批》，载翦伯赞等编《戊戌变法》（第二册），神州国光社，1953年版，第550页。
④ 梁启超：《饮冰室合集》，中华书局，1989年版，第128页。
⑤《谭嗣同全集》，生活·读书·新知三联书店，1954年版，第442页。
⑥《新政真诠——何启、胡礼垣集》，郑大华点校，辽宁人民出版社，1994年版，第443页。
⑦ 陈独秀：《独秀文存》，安徽人民出版社，1987年版，第40页。
⑧ 中国李大钊研究会：《李大钊全集》（第四卷），人民出版社，2013年版，第132页。

传统文化中的民本思想，确立了人民主权的政治原则，建立了“人民当家作主”的共和国，保证了国家政权的人民性。

民本主义是中国政治思想传统的根基，它不仅蕴含着民权思想的幼芽，而且以民生作为现实关切点。与民权观念的朦胧态存在形成对照，民生观念在中国古代政治思想史中得到了较为充分的表达。梁启超曾评论道：“文化演进较深之国，政治问题必以国民生计为中心，此通义也。我国盖自春秋以前，已注重此点。‘既富方谷’‘资富能训’诸义，群经既所屡言。后此诸家政论，罔不致谨于是。”[①]关于“民生”，《左传》中有“民生在勤，勤则不匮”的表述；《孟子·滕文公上》将民生问题、井田制与仁政联系起来做了论述，并提出“有恒产者有恒心，无恒产者无恒心”的论断。《墨子》指出，“民有三患：饥者不得食，寒者不得衣，劳者不得息。三者，民之巨患也”（《墨子·非乐（上）》）；提出要建立“兼相爱，交相利”的大同社会。墨子的思想体现着一种民众关怀，带有浪漫的理想主义色彩。《管子·权修》说，“地之生财有时，民之用力有倦，而人君之欲无穷。以有时与有倦养无穷之君，而度量不生于其间，则上下相疾也。”管子将“民之生计”与“君之所欲”对照起来，要求统治者节用有度，避免“上下相疾”引发社会混乱。先秦诸子对民生问题的论述多以民本思想为内核。民生与民本是相互联系的两个方面，没有民本的理念，就没有民生的关怀；而没有民生的关怀，就无所谓民本。

进入封建社会以来，统治者普遍以儒家学说作为正统理论，道、墨等流派的思想逐渐被边缘化，而儒家思想原有的批判现实的功能也因服务于统治需要而衰减。在封建社会中，民生思想蕴藏的平均土地的诉求与封建制度的经济基础是格格不入的，因而不能转变为国家的制度安排，只能在贫苦百姓的呐喊中、文人墨客的作品中、改革志士的蓝图中出现。但无论如何，民生命题还是延续着思想的生命力，并出现在政治改革者变法的方案中。王安石变法提出的“青苗法”，其意即在于解决民生问题。宋代理学大家朱熹不仅主张“格君心之非”，而且提出了屯田的设想，并在担任地方官时推行

① 梁启超：《先秦政治思想史》，上海古籍出版社，2014年版，第6页。

“社仓”，以解民困。“社仓”一法，“爱民之诚、体察民情之深细又远非常人所及”。[①]而后，围绕民生问题，儒家们也多有论述，但并无波澜。

明朝中叶，王阳明从民间立场出发对儒学做出新的解释，早期启蒙思想开始萌芽，民生命题发生了“从庙堂走向民间”的重大转折。泰州学派的出现即是这种转折的体现，该学派关注平民生活，体察民间疾苦，促使儒学从“圣人之道”向“百姓日用”转化，从“君道”向“济民”转变。日本学者沟口雄三认识到中国民生思想的内发性，认为晚明的阳明学是“将儒教道德(具体讲是明太祖‘六谕’中有关孝悌的道德)广泛地普及于民间社会，以使民众自觉地承担起乡村秩序的一场精神革新运动”[②]。

启蒙时期的民生思想，实现了立场的重大转变，从维护封建秩序转向主张社会变革，蕴藏着批判和解构封建秩序的潜能。顾炎武提出，“民之质矣，日用饮食”，“民德厚而礼俗成，上下安而暴虐不作”(《亭林文集·卷五》)。王夫之明确提出了“私欲之中，天理所寓”(《四书训义》)的观点，颠覆了“存天理，灭人欲”的礼教，肯定了人的欲求存在的正当性，为民生问题提供了理论论证。黄宗羲不仅提出要以井田解决民生问题，而且提出了“工农皆本”的思想。明末清初，“经世致用”之风日盛，民生问题在民间互动的意义上受到思想家的关注。及至清朝后期民族危亡之际，社会危机空前，民生问题凸显。太平天国颁发的《天朝田亩制度》，提出了“有田同耕、有饭同食、有衣同穿、有钱同使”的民生纲领。

清末，维新派领袖康有为将进化论思想引入传统儒学之中，提出人类社会是依照“据乱—升平—太平”的顺序发展的，而后以恢复先秦儒家大同思想为名义，阐述了维新变法主张及社会大同理想。康有为认为，“据乱之后，易以升平、太平，小康之后，进以大同”[③]，“吾既生乱世，目击苦道，而思有以救之，昧昧我思，其惟行大同太平之道哉！遍观世法，舍大同之道而欲救生

① 周荼仙:《朱熹经济伦理思想研究》，光明日报出版社，2009年版，第165页。

② 沟口雄三:《中国的冲击》，王瑞根，译，生活·读书·新知三联书店，2011年版，第95页。

③ 康有为:《大同书》，中州古籍出版社，1998年版，第39页。

人之苦，求其大乐，殆无由也”[①]，康有为“对大同世界美丽愿景的热情向往和注目于‘人’的世俗生活的现代理念，不仅对当时的改良派运动具有重要的启迪作用，而且为未来中国的近现代革命实践提供丰富的思想资源与精神动力”[②]。康有为的大同小康论，把民生命题从传统转向现代，树立了宏大的视野与愿景，在中国思想史上占有重要地位。

实现从传统社会走向现代社会转变的历史性转变，是近代以来中国仁人志士们不懈追求的目标。20世纪初，中国民主主义革命的先驱孙中山明确提出了“三民主义”的革命纲领，构想出中国实现现代化的基本路径。1905年，孙中山在《〈民报〉发刊词》中明确提出民族、民权、民生三大主义，指出“二十世纪不得不为民生主义之擅场时代也”[③]。1924年，孙中山在阐述民生主义时指出，“以民生为社会历史的中心 ”[④]，“民生就是社会一切活动中的原动力”[⑤]，进而提出了以“振兴实业”“平均地权”“节制资本”“注重分配”为核心内容的民生发展之路。孙中山的民生主义，在很大程度上是与中国的国情相联系的，是对中国传统大同理想的创造性转化。他说，“我们的民生主义，是做全国大生利的事”[⑥]，要达到“少年的人有教育，壮年的人有职业，老年的人有养活。全国男女，不论老少，都可以享乐”。[⑦]孙中山的民生主义思想以人民的利益为出发点，包含着社会主义的愿景，与中国共产党的执政纲领和当代中国的民生政治观，在思想观念上有着一定的联系。

三、中西民本思想的意义

民本主义是中国政治思想史中的重要内容，它或隐或现地蕴含着“以民为本”的思想。长期以来，人们对中国古代的民本思想做了“政治化”的解读

① 康有为:《大同书》，中州古籍出版社，1998年版，第39页。
② 周黎燕:《“乌有”之义——民国时期的乌托邦想象》，浙江大学出版社，2012年版，第66页。
③ 孙中山:《孙中山文集》(上册)，团结出版社，1997年版，第20页。
④ 孙中山:《孙中山文集》(上册)，团结出版社，1997年版，第253页。
⑤ 孙中山:《孙中山文集》(上册)，团结出版社，1997年版，第262页。
⑥ 孙中山:《孙中山文集》(上册)，团结出版社，1997年版，第671页。
⑦ 孙中山:《孙中山文集》(上册)，团结出版社，1997年版，第678页。

和“单向度”的理解，将古代的民本思想视为封建统治者的驭民之术，仅看到其服务于统治需要的工具性功能，忽视了其内隐的政治价值，形成了认识上的偏见，甚至产生了一种广泛的文化怀疑主义情绪。夏勇认为，“从某种意义上讲，古代政治思想之要义在于发挥一个‘民’字，古代政治哲学可以归结为‘民学’，其中蕴含的核心价值乃是民本”。①中国的民本思想源远流长，“从远古的民本主义，一直到共产党人的‘为人民服务’‘以民为本’，这叫万世一系，这才真正是中华文明最核心的东西”。②在中国传统的民本主义话语中，甚至蕴含着朴素的民权观念。夏勇认为，“中国古代的民权思想犹如一颗宝石，一旦拂去由种种御民学、统治术厚裹的岁月尘埃，洗尽由欧洲文化中心主义和长期的革命批判烙下的现代垢印，便会在我们眼前熠熠生辉”③。夏勇的见解，促使我们确立对本土政治文化遗产的理性态度，引导我们梳理民族政治文化的思想脉络，精心识别、客观陈述潜藏在中国政治思想史料中的民本理想，探寻中国民权观念、民生实践的文化根脉，避免单纯从西方思想资源库中找寻理论依据的学术立场。应当承认，与发轫于近代西方的民权理论相比，中国的民权思想多呈“碎片化”状态，缺乏严密的逻辑体系和系统的理论形态，但这些都不足以成为我们放弃历史传统的理由。当然，“对传统的重视并不表明是要以对传统的美化反对现实，而是从中汲取一种智慧”。④正如贺麟先生所说：“在思想和文化的范围里，现代决不可与古代脱节。任何一个现代的新思想，如果与过去的文化完全没有关系，便有如无源之水、无本之木，绝不能源远流长、根深蒂固。”⑤就中国政治发展的历史脉络而言，无论是民权意识或是民生关切，都奠基于民本观念之上，呈现出某种内在一致的逻辑。⑥当然，承认“民本主义”的政治传统，并不意味着我们要“固步自封甚或画地为牢”，而是警醒我们，中国的政治发展不应当

① 夏勇：《民本与民权——中国权利话语的历史基础》，《中国社会科学》，2004年第5期。
② 潘维：《回归民本主义，重建中国的政治价值(3)》，《人民网》，http://theory.people.com.cn/GB/41038/9847607.html。
③ 夏勇：《民本与民权——中国权利话语的历史基础》，《中国社会科学》，2004年第5期。
④ 董四代：《民生主义与中国特色社会主义》，中央编译出版社，2011年版，第333页。
⑤ 贺麟：《贺麟选集》，吉林人民出版社，2005年版，第130页。
⑥ 彭中礼：《民权与民生——近现代中国社会变革的法理逻辑演变》，《中共中央党校学报》，2008年第5期。

“忘却”文化传统,不应当人为“割裂”与历史联系的“脐带”。中国政治发展蕴含的民权意识和民生观念是不该放弃的,它在一定程度上蕴含着对国家正当性、政府合法性的理论论证,构成了政治理论的核心议题。尽管传统社会的民生政治与当今社会的民生政治不可同日而语,但其中“民惟邦本”“政在养民”的民本思想却与当代中国的民生政治观具有深刻的联系。在某种意义上,我们今天提倡的“为人民服务”“人民当家作主”“执政为民”“以人为中心”等原则,与其说是启蒙的结果,毋宁说是“民惟邦本”“权惟民本”的新民本论思想的发扬光大。这是一种文化本土主义的文化立场,是对文化怀疑主义的根本否定。

第二章 文化权利与公共文化服务

文化权利　公共文化与政府责任

“文有所惠”与公共文化服务

第一节 文化权利

文化权利作为人权谱系的重要构成,见于1948年联合国通过的《世界人权宣言》(下简称《宣言》)中。《宣言》第二十七条规定:“人人有权自由参加社会的文化生活,享受艺术,并分享科学进步及其产生的福利。”“人人对由于他所创作的任何科学、文学或美术作品而产生的精神的和物质的利益,有享受保护的权利。”1966年通过的《经济、社会及文化权利国际公约》(下简称《公约》)重申了人的文化权利,《公约》第十五条规定“人人有权参加文化生活”,这是人的基本权利。国家负有“保存、发展和传播科学和文化”、尊重“创造性活动所不可缺少的自由”的责任。1982年,联合国教科文组织“世界文化政策大会”的召开标志着国际社会开始把广义的文化问题纳入经济、政治和社会发展战略。联合国教科文组织出台的“世界文化发展十年”(1988—1997)计划,明确提出要促进经济、政治、文化的融合,提高对全球人类共同体的文化关怀。文化权利在本质上是公民自由参与文化生活的权利。在权能构成上,文化权利并非单一性的权利,而是复合性的权利,包括享受文化成果的权利、参与文化活动的权利、开展文化创造的权利,以及对文化成果享有保护的权利[①]。国家法律对文化权利的确认,表明文化权利从道德权利上升为法律权利。我国宪法将文化权利纳入公民基本权利的范围,《宪法》第四十七条规定:“中华人民共和国公民有进行科学研究、文学艺术创作和其他文化活动的自由。”文化权利是公民自由参与文化生活的权利,国家鼓励和支持公民从事科技、文化、艺术等活动,并对文化创造的成果进行保护;国家兴办社会文化事业,组织开展群众性文化活动。将文化权利确认为现代社会公民权的重要方面,着力促进“文化民主”和“文化民生”建设,是现代政府义不容辞的责任,因为政府的存在“只是为了公众的福利和安全”。[②]

---

① 艺衡、任珺、杨立青:《文化权利:回溯与解读》,社会科学文献出版社,2005年版,第12页。

② 约翰·洛克:《政府论》,叶启芳,等译,商务印书馆,1982年版,第69页。

第二节 公共文化与政府责任

托夫勒在《第三次浪潮》中说，今天世界上“进步再也不能以技术和生活的物质标准来衡量了。如果在道德，美学，政治，环境等方面日趋堕落的社会，则不能认为是一个进步的社会，不论它多么富有和具有高超的技术。一句话，我们正在走向更加全面理解进步的时代。进步再也不会是自动化的成就，也不会单以物质标准来衡量了”①。文化需要是人的一种内在的普遍需要，是民生的重要内容，是人幸福快乐的重要标志。文化由生活在特定时代中的人所创造，也必须服务于特定时代的人。实现公民文化权利是当代文化建设的终极目标。文化权利是继政治权利、经济权利之后，公民权的又一项重要的内容。文化权利作为公民权利的属性，意味着保障和实现公民文化权利是政府义不容辞的责任。文化生活虽然具有“自身自发”的性质，但国家对于文化权的形成、保护会帮助建构“客观法”意义上的文化权法律秩序，并以不同的方式扩展了个人之行动能力，从实质上促进了文化权的实现。在某种意义上，国家的文化建设，就是要促进公民文化权利的充分实现，重建现代国民的精神家园和公共生活的空间。在这方面，公共文化以其必然性和合理性的内容，求真务实的文化精神推动着大众观念的进步和素养的提升。

公共文化是文化的一种特殊形态，是基于“以人为本”的政策设计的。公共文化具有公共性的物质形态和规范性的精神内核。在外延方面，公共文化是指在文化的表现形态上具有公有性、公众性、共享性等公共性特征的文化形态，它借助公共图书馆、群众艺术馆、文化站等公共文化场馆及其负载的文化资源，发展资源共享性、群众参与性的文化；在内涵方面，公共文化是在文化的精神品质上具有价值导向性、道德规范性等内在特质的文化形

① 阿尔温·托夫勒:《第三次浪潮》，朱志焱，等译，生活·读书·新知三联书店，1984版，第390页。

态，它培养人们的群体意识、公共精神和社会归属感，追求国家的文化认同和文化整合。公共文化是“工具”与价值的统一体，它确立了文化发展的价值标准，重新发掘对公共文化深层意义的检讨和公共价值的建构，从而避免使文化沦为感性化、娱乐化、平面化的伪文化形式。公共文化是一种以公共理性为基础的文化形态，它关注公民文化权利、国家文化利益的维护，具有“核心价值引领”和“公共需求导向”的功能，从而在社会规范建构、社会秩序维系等方面发挥着润物无声的作用。保障公民文化权利、实现社会文化公平，是现代民主政府的基本责任，需要通过政府主导的公共文化建设来促进。在市场经济条件下，绝大多数文化产品都可以通过市场化经营来生产供给，并通过有偿的服务方式为社会公众提供。但一些事关公民文化权利实现、公众普遍精神需要满足、社会根本利益维护的文化产品和服务，必须由政府及相关公共部门来提供。《世界人权宣言》《经济、社会及文化权利国际公约》乃至多数国家宪法都确认文化权利是人权的基本要素，这意味着公民的文化权利不再是民主政府的恩赐，不再是国家纯粹的道德义务，政府对文化权利负有尊重、保护和促进实现的义务。公共文化建设是现代社会文明的基本标志，表达着文明社会以人为终极发展目标的理念，标志着国家赋予和保护公民文化权利的宪政文明。公共文化建设，要从“以人为本”的角度来进行制度创设和政策设计，以实现人的文化需求、保障人的文化权利、维护社会的文化秩序。实现这一目标，需要政府将公民的文化权利确认为现代社会公民权利的重要方面，赋予公民在文化发展中的表达权、选择权、知情权和监督权，着力促进“文化民主”和“文化民生”建设。

中国从生存型、温饱型社会向发展型、小康型社会的全面转型，使人的文化需求得到全面释放；而伴随着社会民主的进步和公民权利意识的觉醒，文化权益也受到人们空前的重视。保障好、实现好人的文化权益，让人民共享文化建设的成果，成为政府文化自觉、责任担当的重要方面。事实上，国家对于社会文化权利的保护包括消极义务和积极义务两个方面。在消极义务方面，国家应通过立法和司法，提供公民文化权在法律上的平等保护；在积极义务方面，国家应通过政府主导的公共文化服务，满足国民的基本文化需求。

基于对公民文化权利的确认，中共十七届六中全会明确指出，建设社会主义文化强国，要以满足人民精神文化需求为出发点和落脚点，需要政府切实担负起满足人民文化需求的责任，引导文化工作者坚持正确的文化立场，为人民提供更多更好的精神食粮，大力发展公益性文化事业，以全体人民为服务对象，完善覆盖城乡、结构合理、功能健全、实用高效的公共文化服务体系。

第三节 “文有所惠”与公共文化服务

公共文化服务是一种通过财政投入和政策执行所实现的对社会文化生活的全方位介入,既包含了对文化内容的提供,也包括了对文化生活结构的建构或调整,甚至也包含了对原有社会文化秩序的规制和审查,是典型的公权力行为。公共文化服务是现代公共服务体系的重要构成,它具有公共服务的基本特征。

一是资源配置的公有性。公共文化服务绝大部分是通过公共财政开展活动的。公共财政来源的“公众性”决定了以其为基础投资形成的公共文化设施、公共文化资源必然具有公有性,理应为全体公民所共有。

二是价值取向的公益性。公共文化服务以普遍实现公民文化权利为准则、以“核心价值引领”为功能,关系到社会成员的文化利益和文化福利,关乎社会共同的道德规范和价值体系建构,具有普遍的公益性。

三是服务主体的公众性。公共文化服务在服务对象上是针对全体社会成员的,任何人都不能因为种族、民族、阶层的身份差异而被排除在外;在服务内容上应当具有一定程度的同质性,以保障公民在基本文化享受上的平等;在服务模式上应当是开放的,所有的公共文化设施和场馆,都应当向全社会普遍开放,保障公众的文化参与权。

四是服务供给的公平性。公共文化的特性决定了公共文化服务是一项关乎全民共同利益的公共事业。公共文化服务要面向全体民众,通过均等化的服务平台、供给机制和发展模式,缩小文化发展的地域差异、城乡差异和阶层差异,维护公民基本文化权益的平等性。

公共文化服务的均等化,是文化公平的实现路径。相对于处于分散状态的公民个人的文化选择而言,公共文化服务更有可能,也更应该实现特定的目标——保障底线的文化产品提供、消除区域间的文化发展差距、保护濒危文化形态等。公共文化服务注重公民文化权的积极面，重视公民文化生活的基本保障及公民文化权的平等实现。一般来说，“公共文化服务均等化的内容可以从制度、投入、参与、配置四个方面来界定：一是从制度架构上确保全体公民在享有文化公共服务方面权利均等；二是从财政投入上确保全体公民在享有公共文化服务方面资源均等；三是从决策参与上确保全体公民在享有公共文化服务方面机会均等；四是从资源配置上确保全体公民在享有公共文化服务方面效果均等”。[①]公共文化服务均等化，是公共文化政策的逻辑起点，是“五位一体”总体布局和“四个全面”战略布局统筹协调的重要内容，彰显出社会“公平正义”的价值诉求。就文化之于社会发展的重要意义而言，当代著名政治理论家、思想家亨廷顿参与主编的《文化的重要作用——价值观如何影响人类进步》一书，从文化与经济发展、文化与政治发展等多个方面论证并阐述了文化广泛而深刻的影响。[②]丹尼尔·埃通加-曼格尔认为“文化为体制之母”[③]。

当代中国，公共文化蕴含着和谐社会的总体认知和核心理念。通过基本均等的公共文化服务，现代社会找到并建立了一种涵养国民文化修养、明示社会良知、保卫社会道德秩序的文明底线，为社会的和谐发展奠定了文化基石。公共文化事业是政府主导的社会公益性事业，其发展取向就是要推动公民文化权益的充分实现、公共文化资源的均衡分布、公共文化服务的均等发展。党的十八大以来，在党和政府文化发展战略部署的推动下，我国文化事业发展取得了很好的成绩，公共文化服务功能有所增强，但受传统发展思维、体制框架、政策取向等因素的综合影响，我国文化事业发展仍相对滞后，公共文化发展的均等化程度较低。一是公共文化发展的区域差距。就公共文化地区发展来看，我国东部地区、中部地区、西部地区存在较大的差

① 张桂琳：《社会公正与我国公共文化服务的均等化》，《21世纪的公共管理：机遇与挑战——第三届国际学术研讨会文集》，2008年。

② 塞缪尔·亨廷顿、劳伦斯·哈里森主编《文化的重要作用——价值观如何影响人类进步》，程克雄，译，新华出版社，2002年版，第2页。

③ 同上，第119页。

异，中部地区、西部地区财政投入占全国财政投入的比重远远落后于东部地区。近年，财政对东部地区文化投入占全国将近一半。人均文化事业费也呈现明显的地域差距。二是公共文化的城乡差异。就城乡发展差异来看，我国长期实行城乡二元体制，“重城市、轻农村”的发展方式，使农村文化发展相对滞后，农村公共文化服务严重不足。受制于二元体制影响，农村公共文化建设经费短缺，文化基础设施普遍落后，一些乡村尽管建有文化站、图书室、活动室等场所，但普遍存在设施简陋、资源短缺、活动单调等问题，文化发展的城乡“二元结构”突出。三是公共文化服务的阶层差别。就阶层发展差异来看，因社会分层造成的阶层差别是客观存在的，不同社会阶层的文化享受存在差异，贫富阶层之间的文化不公平程度较高。一方面，不同社会阶层实现文化需求的“话语权”存在差异，富裕阶层与贫困阶层的文化诉求对政策的影响程度不同，因而他们实现需求的机会存在差异。另一方面，社会经济地位的差异使家庭占有文化资源的数量和质量有所不同，贫困阶层绝大多数没有条件享受高质量的文化资源、高品位的文化产品。

总体来看，我国文化建设相对滞后，公共文化发展差距明显。就文化事业费占国家财政支出的比例来看，我国长期徘徊在4%左右，明显低于国际上中等发达国家；就公共图书馆的国际标准而言，2011年全国图书馆人均藏书量为0.52册，远低于联合国教科文组织提出的人均1.5%—2.0%册图书的建议性标准。这种状况，直接导致公民文化权利的实现程度低下，公共文化服务的“公共性”价值资源配置的公有性、价值取向的公益性、服务主体的公众性、服务供给的公平性——面临着消解甚至蜕变的风险，公民基本文化权益的平等性无法得到有效保障。公共文化服务作为政府主导的“文化民生工程”，需要在“区域协调发展”和“城乡统筹发展”的战略方针下，致力于使全体国民——不论其身居何处、社会身份与经济地位如何，都能够拥有平等的文化权利，满足基本层面的文化需求。具体来说，公共文化服务及其均等化发展，就是要着力推动文化产品与文化活动在“量”上获得持续增长、在“质”上获得不断提升；保障不同区域、不同群体的居民都能够拥有文化享受的机会、文化参与的权利、文化创作的能力；促进国民素质的提升、公民人格的塑造、国家精神的培育；增强中华文化的传承与创新意识，增强国家文化软实力，保障国家文化主权与文化安全。公共文化服务均等化蕴含着“文化公平”的诉求，要求政府在公共文化建设中，要以实现公民平等的文化权利、公平的文化机会为指向，通过合理的制度设置与政策设计，实现文化资源的均衡配置、文化供给的均衡分布，着力解决公共文化服务中的区域差距、城乡差异、阶层差别，确保全社会底线的文化公平。

第三章 马克思主义文化民生思想形成与发展的历史考察

马克思、恩格斯和列宁的文化民生思想　毛泽东的文化民生思想

中国特色社会主义的文化民生思想

习近平新时代中国特色社会主义思想的文化民生理论

第一节　马克思、恩格斯和列宁的文化民生思想

马克思、恩格斯和列宁基于“无产阶级解放”视角形成了文化民生思想。马克思、恩格斯把无产阶级的精神生活状况及其原因作为他们研究的重要方面。尽管马克思、恩格斯没有直接提出过文化民生概念，但他们有丰富的文化民生思想，其中如何满足广大劳动者的精神需要是马克思恩格斯最为关注的问题之一。

在马克思看来，文化作为人的创造性活动，是一种精神生产，有其自身的发展演进规律。对于文化在劳动人民的基本需要与个性发展中的特殊地位，马克思在《资本论》中指出：“工人必须有时间满足精神的和社会的需要，这种需要的范围和数量由一般的文化状况决定。”[①]马克思在这里强调了文化发展水平和环境给予工人精神生活和其他社会生活的重要性，这也是马克思文化民生思想的重要体现。马克思阐明了，民生作为人的基本生活主张和内容，缺少不了文化的内容和支撑。对此，恩格斯给予高度认同，并做了更进一步的研究。在《反杜林论》中，恩格斯说：“文化上的每一个进步，都是迈向自由的一步。”[②]恩格斯在这里深刻指出了无产阶级的文化发展与其自身的解放的紧密关系。文化民生的发展是无产阶级解放的一部分，文化民生建设水平反映了无产阶级的解放程度。恩格斯首先考察了16世纪和17世纪资本主义尚未得到发展的英国农民文化民生的状况，“农民当时十分虔诚地、安分守己地过着平静和安宁的生活，没有过多的忧虑，也没有活动，没有共同的利益，没有教育，没有思想活动”。[③]即在封建时期，劳动者的文化

① 中共中央马克思恩格斯列宁斯大林著作编译局：《马克思恩格斯全集》（第二十三卷），人民出版社，1972年版，第260页。

② 中共中央马克思恩格斯列宁斯大林著作编译局：《马克思恩格斯全集》（第二十卷），人民出版社，1971年版，第126页。

③ 中共中央马克思恩格斯列宁斯大林著作编译局：《马克思恩格斯全集》（第一卷），人民出版社，1956年版，第666页。

需要极为匮乏，反映了文化民生的发展与人们的交流程度极为相关。

资本主义工业化和市场化的发展既为文化艺术的发展提供了更为广阔的空间，也为传统文化在更广范围和更多民众中的传播和分享提供了可能，为文化民生发展的新形态提供了物质基础和时空条件。对于资本主义社会中的文化民生发展的现状与根本出路，恩格斯在《论住宅问题》中，针对小资产者蒲鲁东的观点提出在实行明智而有效的社会分工下，社会劳动产品不仅能满足全社会人的丰裕的消费和充足的储备，而且还能使社会成员有充分的闲暇去享受人类历史遗留下来的文学、艺术、科学等文化产品和文化价值，特别是要把文化产品从统治者的独占变为全社会的共同占有。恩格斯认为，虽然资本主义的发展在理论上能为更多民众提供享受历史文化遗产、满足个人文化和精神需求的可能，但既然社会已经发展到这种地步，统治阶级存在的借口就已经不存在了，和统治阶级共同分享文化产品就失去了必要性，特别是"统治阶级的存在，日益成为阻碍工业生产力发展的愈来愈大的障碍，同样也成为阻碍科学和艺术发展，特别是阻碍文明交际方式发展的愈来愈大的障碍。从来也没有比我们现代的资产者更不学无术的人了"①。因此说，消灭统治阶级是资本主义社会文化民生大发展的前提和决定性条件。社会主义为文化的大发展大繁荣兴盛奠定了制度基础，也为文化发展和文化民生建设指明了方向。

对于社会主义文化民生的发展规律和文化民生建设的目标和要求，马克思关于艺术发展的基础的论述也为我们提供了重要的启示。他在《政治经济学批判》导言中强调："关于艺术，大家知道，它的一定的繁盛时期决不是同社会的一般发展成比例的，因而也决不是同仿佛是社会组织的骨骼的物质基础的一般发展成比例的。"②马克思发现，文化艺术的发展虽与社会的物质基础有关联，但两者决不是呈线性比例的关系的。发展广大人民群众的文化艺术有自身的特殊规律，有其相对独立性。马克思的重要阐述不仅

① 中共中央马克思恩格斯列宁斯大林著作编译局：《马克思恩格斯全集》（第十八卷），人民出版社，1984年版，第28页。

② 中共中央马克思恩格斯列宁斯大林著作编译局：《马克思恩格斯选集》（第二卷），人民出版社，2012年版，第710页。

为我们发展社会主义文化树立了信心，也为社会主义文化民生建设的理论创新建立了理论依据。

在俄国社会主义革命胜利后，列宁对苏联全党及时提出战略重心的转移，民生建设和文化建设被作为社会主义建设的主要任务，其中关系文化民生的内容被放到文化发展和民生发展的重要位置上。首先对于社会主义工作重点从政治斗争向文化民生建设的转向，列宁强调："我们不得不承认我们对社会主义的整个看法根本改变了。这种根本的改变表现在：从前我们是把重心放在而且也应该放在政治斗争、革命、夺取政权等等方面，而现在重心改变了，转到和平的'文化'组织工作上去了。"①在列宁看来，社会主义文化与民生具有内在的统一性。巩固社会主义制度的重要途径就是大力推进社会主义文化民生建设。根据文化民生的历史性、阶级性和民族性，列宁要求，社会主义文化民生建设内容不同于资本主义，东方落后国家的文化民生建设的道路不同于欧洲发达国家。

马克思、恩格斯和列宁的文化民生思想的精髓体现在四个方面：一是发展文化民生是无产阶级解放的重要内容，而资本主义制度本身是无产阶级文化民生大发展的重要障碍；二是文化民生发展的规律既依赖于物质条件，又具有相对独立性，在社会主义条件下，可以优先发展文化民生，促进生产关系对于生产力的反作用，进一步巩固社会主义制度的基础和优越性；三是社会主义文化和民生具有内在的一致性，相互依存相互促进，只有对文化和民生的共同关注和推进才能使文化民生具有繁荣发展的良好环境和发展基础；四是社会主义民生发展要结合自身的民族特色，各个国家应走适合自己文化传统和与自身经济水平相适应的文化民生发展道路。

① 中共中央马克思恩格斯列宁斯大林著作编译局：《列宁专题文集·论社会主义》，人民出版社，2009年版，第354页。

第二节　毛泽东的文化民生思想

在新民主主义时期和社会主义时期，毛泽东继承马克思、恩格斯和列宁的重要思想，并结合中国的具体实际，认为文化是民生的需要，也是经济社会的发展动力，在多个场合阐述过对文化民生建设问题的独特理解。毛泽东是中国特色社会主义文化民生思想体系的奠基者、先行者和开拓者。毛泽东文化民生思想是我们今天推进文化民生建设的重要理论依据和行动准则。

早在1927年，毛泽东在《湖南农民运动考察报告》中，就谈到文化的发展必须与农民的实际需要紧密结合起来，并对当时农村文化教育脱离农村和农民实际的情况提出批评："乡村小学校的教材，完全说些城里的东西，不合农村的需要。小学教师对待农民的态度又非常之不好，不但不是农民的帮助者，反而变成了农民所讨厌的人。"[①] 这是毛泽东最早的文化民生思想。对于文化民生的重要性，毛泽东把它与新民主主义时期民族解放这个最主要任务结合起来。他认为，不解决广大军民的新文化自觉和新文化需要问题，就不能建立抗日根据地抵抗日本的进攻，就不能获得占全人口80%的最伟大的同盟军的支持。1939年12月毛泽东在《大量吸收知识分子》中谈到，解放区必须实行新的文化政策，"切实地鼓励工农干部加紧学习，提高他们的文化水平，使工农干部的知识分子化和知识分子的工农群众化，同时实现起来"。[②] 这是从具体行动上改善工农干部和知识分子的文化结构。这说明毛泽东民生思想不仅具有长远的和大局的理论方针，更具有丰富、具体的行动办法和措施，可行性强，拥护度高。

毛泽东的文化民生思想始终在毛泽东思想中处于极重要的地位。

---

① 毛泽东：《毛泽东选集》（第一卷），人民出版社，1991年版，第40页。

② 毛泽东：《毛泽东选集》（第二卷），人民出版社，1991年版，第619—620页。

1940年提出的文化纲领至今仍然是我们社会主义文化民生建设的总路线和总要求。毛泽东文化民生思想的核心是文化为谁服务，谁来生产文化，用何种形式和内容的文化来满足大众的文化需求。1942年5月，《在延安文艺座谈会上的讲话》中毛泽东谈道："在现在世界上，一切文化或文学艺术都是属于一定的阶级，属于一定的政治路线的。"[①] 无产阶级的文艺是为人民大众服务的。对于如何使文化真正服务于人民大众，使文化生活成为人民大众基本需求的重要内容，毛泽东提出要从日常生产和革命生活出发。他要求革命的文学艺术，应当根据实际生活创造出各种各样的人物，来帮助群众推动历史的前进。"文艺就把这种日常的现象集中起来，把其中的矛盾和斗争典型化，造成文学作品或艺术作品，就能使人民群众惊醒起来，感奋起来，推动人民群众走向团结和斗争，实行改造自己的环境。"[②]毛泽东强调，中国历来只是地主有文化，农民被排斥在文化之外。中国有90%未受文化教育的人民，最大多数是农民。因此，无产阶级文化民生要反映农民的生活，为农民的解放做出贡献。1933年8月毛泽东在《必须注意经济工作》中指出："用文化教育工作提高群众的政治和文化的水平，这对于发展国民经济同样有极大的重要性。"[③]

新中国成立后，毛泽东始终没有削弱文化在人民大众日常生活中、在人民素质的培养中的重要地位。毛泽东对于文化生产的宗旨也提出过明确要求，1957年在同文艺界代表谈话时说道："报纸、广播、文工团、剧团、文学艺术都是教育人民的。有人说，'不讲教育，说娱乐好了'，这也可以，但是你演戏，总要影响人。所以教育者首先应当受教育，这是马克思讲的。"[④]毛泽东的谈话在今天仍然有很强的现实意义，当前文化生产和文化生活极端娱乐化趋势愈演愈热，文化生产者和文化工作者的教育职责已经明显淡化，一味去迎合少部分人的低级趣味。毛泽东的谈话对于当前文化民生建设具有鲜

① 毛泽东：《毛泽东选集》（第三卷），人民出版社，1991年版，第865页。
② 毛泽东：《毛泽东选集》（第三卷），人民出版社，1991年版，第863页。
③ 毛泽东：《毛泽东选集》（第三卷），人民出版社，1991年版，第125—126页。
④ 中共中央文献研究室：《毛泽东文集》（第七卷），人民出版社，1999年版，第252页。

活的指导意义。

集中各个时期毛泽东对于民生和文化的重要阐述，毛泽东文化民生思想可以概括为：一是文化也像其他物质生活一样是工人、农民的基本需要，属于人民生活的基本内容，特别是新民主主义革命和社会主义社会为人民大众这种需要和文化民生的发展提供了可能和条件；二是人民物质生活中需要文化元素的加强，需要文化的教育，特别需要加强对大众文化娱乐的引导；三是文化民生的发展可以推动经济社会中各个方面的发展，最终提高人民的生活质量和幸福水准。毛泽东的文化民生思想是马克思主义文化民生思想在中国的运用和发展，是中国传统文化民生思想的基础和创新，它既兼容并蓄，也界限分明。

第三节 中国特色社会主义的文化民生思想

中国特色社会主义的文化民生创新思想以"全面提升公共文化服务能力"为着力点。改革开放以来,中国在市场经济的推动下,综合国力显著增强,人民生活水平大幅度提高,实现了从温饱需求向小康需求的历史性转变。在改革开放四十多年的时间里,在毛泽东文化民生思想基础上,以邓小平、江泽民、胡锦涛和习近平等同志为主要代表的中国共产党人引领中国共产党,在文化民生方面取得了丰硕的成果。

社会主义市场经济体制的建立促进了中国生产力水平的迅速提高,人民物质文化生活水平得到根本性改善,民生建设和文化建设取得长足发展。在改革开放初期,邓小平对文化民生问题的认识尤为深刻,他在1985年会见外宾时说:"社会主义的首要任务是发展生产力,逐步提高人民的物质和文化生活水平。"[①]在邓小平看来,不能满足广大人民群众的物质文化需求就不符合社会主义的本质要求。邓小平同时强调,在努力满足人民群众物质生活需求的同时,"还要建设社会主义的精神文明"[②]。对于如何提高社会主义文化民生的发展水平,邓小平要求充分利用文艺这个群众喜闻乐见的形式,"文艺发展的天地十分广阔。不论是对于满足人民精神生活多方面的需要,对于培养社会主义新人,对于提高整个社会的思想、文化、道德水平,文艺工作都负有其他部门所不能代替的重要责任"。[③]而且"人民需要艺术,艺术更需要人民"[④]。邓小平的文化民生思想,一方面指出了改善文化民生是社会主义的本质和任务,另一方面指出了发展社会主义文化民生是主体和客体的内在统一。

---

① 邓小平:《邓小平文选》(第三卷),人民出版社,1993年版,第116页。
② 邓小平:《邓小平文选》(第三卷),人民出版社,1993年版,第28页。
③ 邓小平:《邓小平文选》(第二卷),人民出版社,1994年版,第209页。
④ 邓小平:《邓小平文选》(第二卷),人民出版社,1994年版,第211页。

以江泽民为核心的第三代党中央继续推进改革开放的战略道路，在文化民生方面取得了新的认识，实行了新的举措。对于文化民生，江泽民指出："必须结合新的实践和时代的要求，结合人民群众精神文化生活的需要，积极进行文化创新"[①]，即创新是新时代推进文化民生建设的发展之道。在推进文化民生建设的政策与措施上，党的十六大提出"坚持和完善支持文化公益事业发展的政策措施，扶持党和国家重要的新闻媒体和社会科学研究机构，扶持体现民族特色和国家水准的重大文化项目和艺术院团，扶持对重要文化遗产和优秀民间艺术的保护工作，扶持老少边穷地区和中西部地区的文化发展。加强文化基础设施建设，发展各类群众文化"[②]，为社会主义文化民生建设指明了方向。党的十六大同时提出要完善文化产业政策，支持文化产业发展，健全文化市场体系，完善文化市场管理机制。把社会主义文化事业和市场经济结合起来，为文化民生建设注入活力。第三代中央领导集体在对文化民生建设的认识和实践上突出了"创新"和"政策支持"，表达了发展社会主义文化民生的时代品格和国家意志。

以胡锦涛同志为主要代表的中国共产党人进一步把党的文化民生思想推到新的高度。党的十七届六中全会通过的《中共中央关于深化文化体制改革推动社会主义文化大发展大繁荣若干重大问题的决定》强调，中国经济社会的快速增长与人民群众的文化生活需求并不相适应，物质产品的丰富与文化产品的供应并不协调，文化产品的创作引导力度不够，特别是公共文化服务体系很不健全，公共文化服务能力有待加强。解决这些问题，首先要从文化生产力发展的体制机制入手，创新文化发展理念，大幅度提高文化在经济社会发展中的地位和作用，提高人民基本文化权益保障水平。这是我党面对新的文化发展形势，对文化民生发展规律的新认识，为进一步推进文化发展和文化民生建设提供了重要的理论依据和政策支持。

---

① 江泽民：《江泽民文选》（第三卷），人民出版社，2006年版，第278页。

② 江泽民：《江泽民文选》（第三卷），人民出版社，2006年版，第561页。

第四节　习近平新时代中国特色社会主义思想的文化民生理论

党的十八大以来，以习近平同志为核心的党中央高瞻远瞩，立足于增进人民福祉、实现中华民族伟大复兴的高度，顺应时代的发展继续探索文化民生建设理论，提出了一系列新理念新思维新战略，对指导中国文化民生建设有着重要意义。

一、必须坚持以人民为中心的工作导向

主体问题一直以来都是文化民生建设中的根本性问题。中国共产党将坚持以人民为中心的思想体现在文化民生发展的各个环节，体现了新时期中国共产党人的责任与担当。"以人民为中心导向""把人民群众放在心中脑中""民众获得感"，这些闪耀着人民至上价值理念的字眼，经常被党和国家领导人在各种讲话中提及，清晰地表明了我国文化民生建设的出发点和落脚点都在人民，人民才是文化民生建设的主体。

（一）人民群众是文化民生建设的价值主体

"是否始终站在最广大人民的立场上，是否切实尊重人民的主体地位和首创精神，是区分唯物史观和唯心史观的分水岭，也是判断马克思主义政党的试金石。"[①]中国共产党作为马克思主义政党，其性质和宗旨就决定了文化民生建设的价值旨归是人民。党的十八大报告对中国特色社会主义做出新的理论概括，认为坚持和发展中国特色社会主义，必须牢牢把握八个"基本要求"，首要一条就是"必须坚持人民主体地位"。文化民生工作的根本出发点和落脚点是实现好、维护好人民群众的文化权益，要把发展文化的目的落

① 王伟光：《切实尊重人民的主体地位和首创精神》，《求是》，2011年第24期。

实到满足人民的需要中去，满足人民的精神文化生活需求，把促进和实现人的全面发展作为最终价值依归。

将人民群众作为文化民生建设的价值主体，就是在文化民生建设中遵循人民性原则。对于什么是文化民生建设的人民性，习近平总书记有深刻的阐述："坚持人民性，就是要把实现好、维护好、发展好最广大人民根本利益作为出发点和落脚点，坚持以民为本、以人为本。要树立以人民为中心的工作导向，把服务群众同教育引导群众结合起来，把满足需求同提高素养结合起来，多宣传报道人民群众的伟大奋斗和火热生活，多宣传报道人民群众中涌现出来的先进典型和感人事迹，丰富人民精神世界，增强人民精神力量，满足人民精神需求。"①习近平在文艺工作座谈会上要求我国的文艺工作者："要把满足人民精神文化需求作为文艺和文艺工作的出发点和落脚点，把人民作为文艺表现的主体，把人民作为文艺审美的鉴赏家和评判者，把为人民服务作为文艺工作者的天职。"②这表明党和国家坚持文化产品创作以人民为中心，在确定文化表达的主体和服务的对象时，自觉地把人民群众放置其中，自觉地把人民群众的满意与否作为衡量文化民生建设的最高标准。不管是文艺创作还是学术研究，党都要求坚持以民为本，以人民为中心，这既体现了我们党以民为本的执政理念，也是对新时期坚持文化民生建设人民性的进一步升华。

无论我国社会主义文化民生建设形势如何变幻，人民的主体地位一直未曾改变，这是中国共产党在长期文化民生实践探索中确立并坚持下来的。习近平总书记提出并强调"以人民为中心"的发展思想，郑重回应了"为谁而发展"，彰显了"人民至上"的发展价值取向，这是对"以人为本"执政理念的一以贯之，也是对中国共产党文化民生建设思想的新发展。

（二）人民群众是文化民生建设的动力源泉

马克思主义唯物史观强调人民群众是历史的创造者，是历史的主人

---

① 习近平：《习近平谈治国理政》（第一卷），外文出版社，2018年版，第154页。

② 习近平：《习近平谈治国理政》（第二卷），外文出版社，2017年版，第314—315页。

翁。《中共中央关于制定国民经济和社会发展第十三个五年规划的建议》指出“人民是推动发展的根本力量”[①]。人民创造了丰硕的社会物质财富和精神财富，推动社会发展的车轮不断前行。“文化主体所表现出来的一切属性都存在于人民群众中，人民群众创造出丰富的物质文化和繁荣的精神文化，对人类进步、社会发展产生巨大积极影响。”[②]文化的本质即人化，人民群众是文化民生建设的动力源泉。

人民是文化民生建设的实践主体。充分发挥人民的主体性，尊重人民的主体地位，就是要“始终相信人民，联系人民，尊重人民，依靠人民，集中民智，珍惜民力”[③]。只有牢固树立发展依靠群众的观点，保护群众合法权益，善于集中群众智慧，深入研究文化建设中的新情况、解决发展中的新问题，才能不断凝聚发展的新活力，最充分地调动人民群众的积极性、主动性和创造性，最大限度地集中全社会、全民族的智慧和力量，更加激发群众参与文化建设的积极性、主动性、创造性，使社会主义文化在这种相互促进、良性循环的过程中得到进一步的发展和繁荣。

尊重人民的首创精神。创新是时代的要求、社会的需要，只有创新社会才会充满活力，才能不断向前迈进。人民群众在自觉传承优秀文化的同时，还必须结合时代特征赋予文化以新内涵，创造出新型文化。发展中国特色社会主义文化，就是以马克思主义为指导，坚守中华文化立场，立足当代中国现实，结合当今时代条件，发展面向现代化，面向世界，面向未来的、民族的、科学的、大众的社会主义文化，推动社会主义精神文明和物质文明协调发展。要坚持为人民服务、为社会主义服务，坚持百花齐放、百家争鸣，坚持创造性转化、创新性发展，不断铸就中华文化新辉煌。文化民生建设工作想要有所突破，就要自觉以人民为师，尊重人民群众的首创精神，将人民群众

---

① 《中共中央关于制定十三五年规划的建议》，《人民网》，http://politics.people.com.cn/n/2015/1103/c1001-27772701.html。

② 曾祥耿：《文化主体视域下的人民群众及其体认——习近平关于文化建设重要讲话之启示》，《山东青年政治学院学报》，2016年第3期。

③ 王增杰：《深刻理解坚持以人民为中心的发展思想》，《人民论坛》，2016年第11期。

的实践作为创造的源头活水，感悟百姓质朴的话语，获取灵感。习近平强调群众的思想最鲜活，群众的语言最生动，人民群众创作的文化才具有无与伦比的生命力。在基层的生动实践中汲取创造的点滴，在汇聚群众的智慧时探寻文化民生建设工作的新理念、新思维、新战略。

（三）人民群众是文化民生建设的终审裁判

既然文化民生建设的价值主体与根本动力是人民，最终的价值目标是实现人的全面发展，那么文化民生建设得好不好，到位与否不应当由政府评判，而应该将评判权交给人民，以人民的满意程度来检验建设的成效，这也是检验和衡量文化民生发展的最高标准。评判标准体现了文化民生工作的发展导向和价值取向，以什么标准来检验和衡量，实质上是一个对谁负责、让谁满意的问题，反映了文化民生发展为了谁、依靠谁、服务谁的根本问题。人民群众是推进文化民生建设事业发展的最终决定性力量，文化民生建设事业的成败必然要由人民群众来检验、评判。文化民生建设事业要始终体现群众的意志，实现群众的根本文化利益，发展成果要经得起人民、实践以及历史的检验。

文化民生发展成效由人民群众来评判，那么这个评判的标准是什么？十八届五中全会明确提出："必须坚持发展为了人民、发展依靠人民、发展成果由人民共享，作出更有效的制度安排，使全体人民朝着共同富裕方向稳步前进。"[①]这一方面是指评价改革发展是否有价值及其价值的大小的主体是全体人民，另一方面是指评价改革发展是否有价值及其价值大小的标准是看改革发展成果是否更多更公平地惠及了全体人民。所以，在实际的运作中，我们要同时参考群众评判结果、专家评判结果和市场的检验结果。群众的检验和评判表现为认可程度，接受程度，喜爱程度，满意程度，是否愿意消费；专家评判必须尊重群众的认可，不能对群众的评价嗤之以鼻，要将群众的评价纳入参考标准；而市场的检验，则最终体现为作为文化消费主体——

① 习近平：《习近平谈治国理政》（第二卷），外文出版社，2017年版，第200页。

群众的优化选择。那些经典之作,如四大名著之所以能流芳百世,是因为作品本身有着广泛而深厚的群众基础,所以群众在历史的长河中选择了它们。文化产品来源于人民群众,服务于人民群众,最终应由人民群众来检验和评判。因此,文化产品的生产要以满足人民的需要为目标,以人民是否满意为最高的衡量标准。

二、必须坚持中华传统文化的创造性转化、创新性发展

发展文化民生要求我们必须正确认识中华传统文化,因为中华文化凝聚着中华民族最深沉的精神追求,是中华民族生生不息、发展壮大的丰厚滋养。党的十八大以来党和国家领导人发表的关于中国传统文化的一系列新论述,给我们今后的文化民生建设指明了原则与方向。对待传统文化我们必须坚持传承与创新相结合,不仅充分挖掘与继承传统文化所蕴含的思想精华;还要用科学的眼光审视中华传统文化,去其糟粕;同时按照时代发展的需求,在继承的基础上创新发展,实现中华传统文化的创造性转化、创新性发展。

(一)有扬弃地继承中华传统文化

没有绵延5000多年的中华文化,就没有今天发展着的先进文化。中华传统文化是中华民族最深厚的文化软实力,是中华儿女共同的精神家园,它为中国特色社会主义的发展提供了赖以滋养的文化土壤,是不断地推进文化民生建设的重要养料。中国共产党人始终是中国优秀传统文化的忠实继承者和弘扬者,他们不断推动中华文化焕发出新的蓬勃生机和强大活力。习近平总书记强调,中华优秀的传统文化,是我们民族的"根"与"魂",是社会主义先进文化的源泉和有机组成部分。他提出:"不忘本来才能开辟未来,善于继承才能更好创新。对历史文化特别是先人传承下来的价值理念和道德规范,要坚持古为今用、推陈出新,有鉴别地加以对待,有扬弃地予以

继承,努力用中华民族创造的一切精神财富来以文化人、以文育人。”[①]不管是“继承前人”“古为今用”的观点,还是将中华传统优秀文化认定为“血脉”“魂”“精神根脉”的看法,都表达了习近平继承中国传统文化的鲜明态度,体现了他对传统文化重要性的高瞻远瞩。抛弃传统文化,就等同于割断了自己的精神命脉,丧失了安身立命的根基,我们必须始终不渝地传承中华优秀传统文化,使其惠及民众、恩泽后人。

我们建设文化民生必须从优秀传统文化中汲取精神动力,否则将会丧失生命力和影响力,但是这并不意味着全盘肯定并整体性地接受传统文化。在中央政治局第十八次集体学习的讲话中,习近平总书记指出:“我们要对传统文化进行科学分析,对有益的东西、好的东西予以继承和发扬,对负面的、不好的东西加以抵御和克服。”[②]总结起来,即“有鉴别地对待、有扬弃地继承”传统文化。“有鉴别”就是不能持全盘肯定或全盘否定的态度,要科学地认识传统文化,不能把传统文化都拿到今天来照套照用;“有扬弃”是在经过分析鉴别后,坚决剔除阻碍我们发展的文化糟粕,比如愚忠孝、官本位思想等,同时积极继承吸收其合理优秀的成分,如仁者爱人、自强不息、厚德载物等中华传统美德,鼓励人们向上向善,这有利于人民获得精神上的满足和归依,提升人民对生命的认知和精神境界。

(二)实现中华传统文化的创造性转化

文化传承与创新是内在统一的。传承是基础,创新是方向。离开对前人历史文化的坚持和发扬,中华文化的发展就会丧失血脉根基。如果不随着现实环境的变化而重新整合中华优秀传统文化资源,传统文化将会缺乏持久活力。习近平在系列重要讲话中,深刻揭示了中国传统文化的创造性转化和创新性发展的历史必然性和现实可能性,同时为其指明了正确的前

① 习近平:《习近平谈治国理政》(第一卷),外文出版社,2018年版,第164页。

② 习近平:《解决中国的问题只能在中国大地上探寻适合自己的道路和办法》,《人民网》,http://world.people.com.cn/n/2014/1014/c1002-25827542.html。

进方向："与现实文化相融相通，共同服务以文化人的时代任务。"[①]我们并非纯粹尊崇传统文化的文化复古主义者，我们弘扬中华优秀传统文化的最终目标是发展与时代价值相吻合的现代文化，所以只有对其进行创造性转化，才能做到真正继承。

"创造性转化，就是要按照时代特点和要求，对那些至今仍有借鉴价值的内涵和陈旧的表现形式加以改造，赋予其新的时代内涵和现代表达形式，激活其生命力。"[②]就是对中国文化传统中的符号与价值内容加以改造，促使它历经变迁在当下仍能发挥作用，增强人民的文化认同感。对传统文化实现创造性转化，要在马克思主义思想的指导下，立足于当下中国特色社会主义的伟大实践，促使中华优秀传统文化自我超越与发展，赋予其新的时代内涵与现代表达形式。如在推动社会主义核心价值观建设的过程中，习近平以儒家典籍《大学》中的"八条目"创造性地概括了社会主义核心价值观中三个层面的价值要求，这使得社会主义核心价值观既继承了中华优秀传统文化，又体现了社会主义本质要求。古代文化中"以民为本，本固邦宁"的治国理念，在当下被引申为"人民主体地位""人民群众是党的执政之基、血脉之本、力量之源"。建设文化民生，需要实现传统文化的创造性转化，这样我们才能解决民众思想上对传统文化的困惑，最终满足人民群众对于传统文化学习的需要，充分利用传统文化宝贵资源为当代中国特色社会主义建设提供精神支撑。

（三）实现中华传统文化的创新性发展

建设文化民生就是要坚持以优秀传统文化为滋养，但在当下我们要如何对待传统文化，是必须思考的现实性问题，也是必须要解决好的重大问题。中华民族自古以来就具备强大的勇于创新的民族禀赋和优良传统，我们在继承中国优秀传统文化的过程中不能生搬硬抄、囫囵吞枣，需要进行创

① 习近平：《习近平谈治国理政》（第二卷），外文出版社，2017年版，第313页。

②《习近平系列重要讲话读本：创造中华文化新的辉煌——关于建设社会主义文化强国》，《人民网》，http://opinion.people.com.cn/n/2014/0709/c373228-25258047.html。

新性发展。所谓创新性发展就是在中华传统文化中注入时代精神，更新、丰富中华优秀传统文化的内涵。“把跨越时空、超越国度、富有永恒魅力、具有当代价值的文化精神弘扬起来。”①因此，建设文化民生就要创新性地发展中国优秀传统文化，激活其生命力，不断以理论创造新成果、文化建设新成就来促进中国特色社会主义文化的发展，为坚定中国特色社会主义道路自信、理论自信、制度自信、文化自信提供有力的精神支持。儒家经典著作，思考了人与人、人与社会、人与自然如何和谐生存的问题，跨越时空，在当下仍然彰显出指导价值，是人类共同的精神财富。其对于解决现代社会中的种种弊端具有启发作用，为中华优秀传统文化的创新性发展提供了营养源泉。

三、必须坚持中国特色社会主义的文化自信

党的十八大以来，中国共产党高度重视文化民生建设，多次强调要坚持中国特色社会主义文化自信。缺乏历史文化自信，是中华民族复兴的最大阻碍。在庆祝中国共产党成立95周年大会上，习近平总书记指出：“坚持不忘初心、继续前进，就要坚持中国特色社会主义道路自信、理论自信、制度自信、文化自信”②。之后习近平在中国文联十大、中国作协九大开幕式上的重要讲话中又深刻指出：“坚定文化自信，是事关国运兴衰、事关文化安全、事关民族精神独立性的大问题。没有文化自信，不可能写出有骨气、有个性、有神采的作品。”③习近平总书记对文化自信的一系列透辟论述，阐明了文化自信的重要性，明确了中国特色社会主义的价值追求，为发展文化民生建设指明了前进方向。

（一）坚定马克思主义指导地位的自信

马克思主义作为当代最科学的思想理论体系，吸收和发展了人类文明最优秀的成果，坚持马克思主义的指导是我国文化民生建设的真正优势。

---

① 习近平：《习近平谈治国理政》（第一卷），外文出版社，2018年版，第106页。

② 习近平：《习近平谈治国理政》（第二卷），外文出版社，2017年版，第36页。

③ 习近平：《习近平谈治国理政》（第二卷），外文出版社，2017年版，第349页。

党的十八大以来,党对确立马克思主义的指导地位更加自信,始终坚持用马克思主义的立场与观点去分析和解决文化民生建设中的问题,用发展着的马克思主义指导文化实践,用马克思主义的最新理论成果武装头脑,推动工作的开展,确保其沿着正确道路前进。我们要用正确的态度对待马克思主义,拒绝实用主义的态度,要坚持不懈学习,用马克思主义观点解决问题。对于社会上某些鼓吹马克思主义过时论的声音要予以坚决否定,要用科学的理论回击。马克思主义不是故纸堆,它是能随着时代变化而自我更新、自我发展的理论体系,它是适应我国具体国情的。因此要持续深入地学习贯彻马克思主义,杜绝浅尝辄止的学习方法,要不断巩固马克思主义在舆论、宣传、文艺创作等文化战线中的指导地位,为文化民生建设立下"定海神针",为"中国梦"凝神聚力。

(二)坚定中国特色社会主义文化发展道路的自信

中国特色社会主义文化发展道路是中国特色社会主义道路的有机构成,没有文化发展道路的自信,就没有中国特色社会主义道路的自信。坚持中国共产党的领导,坚持马克思主义的指导地位,吸取传统文化精华和国外文化的有益成分,立足中国实际,坚持文化为人民服务是中国特色社会主义文化发展道路的主要内容和特色,也是推动社会主义文化大繁荣兴盛的重要法宝。在建设文化民生的过程中必须保持对中国特色社会主义文化发展道路的自信,因为如果对这一道路存在疑问,有不坚定的态度,就必然会被其他外来因素所影响,偏离正确的建设轨道,文化民生建设就丧失了发挥有效作用的能力。党的十八大以来,我们党不断促进物质文明和精神文明协调发展,文化事业和文化产业共同进步,更加自信地"坚持走中国特色社会主义文化发展道路,深化文化体制改革,深入开展社会主义核心价值体系学习教育,广泛开展理想信念教育,大力弘扬民族精神和时代精神,推动文化事业全面繁荣、文化产业快速发展"。[①]因此,我们必须毫不犹豫地走中国特色社会主义文化发展道路,并以此为正确的航向建设文化民生。

---

① 习近平:《习近平谈治国理政》(第二卷),外文出版社,2017年版,第160页。

(三)坚定中国特色社会主义文化制度的自信

中国特色社会主义文化制度是文化建设的制度保障,也是文化建设的重要内容,为我们早日到达文化复兴的理想境界确立正确制度。党的十八大以来,我们党集中力量解决制约文化发展的门槛,坚持发展民族的、科学的、大众的社会主义先进文化,保障人民基本文化权益,公正分配文化发展成果,对中国特色社会主义文化制度而更加自信。习近平总书记指出,我们的制度将随着事业的向前发展而更加成熟,同时我国社会主义制度的优越性必将进一步显现。我们应加强制度建设,探索有利于文化发展的体制机制,把完善制度作为推动文化建设的重要着力点,积极构建更加健全、充满活力的制度体系。社会主义制度的优越性将通过中华文化的快速发展充分体现出来。

四、必须建设共享型的文化民生

习近平总书记把发展与共享两者相统一,提出共享发展的理念,这是对马克思主义有关社会主义本质理论的继承和发展。在学习贯彻党的十八届五中全会精神专题研讨班上,习近平总书记指出共享发展就是全民共享、全面共享、共建共享以及渐进共享。全民共享就表明并非只有少数人可以享有;全面共享的重点在于不仅共享改革发展中的物质成果,同时共享包括政治、文化、社会、生态文明等各个方面的建设成果;共建共享就意味着不是搞平均分配、不劳而获,而是全民的共同建设与共同享有,共建是共享的前提,天上不会掉馅饼,高水平共建是高质量共享的基础,这样才能够将可供分配的"蛋糕"做大,为共享提供更多发展成果;渐进共享表明共享不是一蹴而就的,是循序渐进的,是伴随着生产力壮大和财富增加而不断丰富的过程。

"十三五"期间,党将以共享理念推进文化民生建设作为始终追求的目标。把共享既作为发展的理念,也作为发展的行动;既作为发展的出发点,也作为发展的落脚点。习近平指出:"落实共享发展是一门大学问,要做好从顶层设计到‘最后一公里’落地的工作，在实践中不断取得新成效。”[①]共享发展理念建设普惠型文化民生，就是要着力解决文化方面的公平正义问题，满足人民群众多层次、多方面、多样化的精神文化需求，切实保障人民群众的基本文化权益，让人民群众充分享受文化发展成果。

（一）保障基本文化服务共享，满足人民精神需求

以共享发展理念建设普惠型文化民生，必须保障基本文化服务共享。习近平指出：“要为群众提供丰富多彩、喜闻乐见的文化生活，完善公共文化服务体系。”[②]大力繁荣发展文化事业，要以基层特别是农村为重点，深入实施重点文化惠民工程，进一步提高公共文化服务能力，促进基本公共文化服务标准化、均等化。坚持共享发展，一定会给人民群众的精神文化生活带来更多看得见、摸得着的实惠，使人民群众的精神文化生活水平不断提升。党的十八大以来，以习近平同志为核心的党中央依据共享理念对完善公共文化服务体系的部署紧锣密鼓——党的十八大提出要加快推进文化惠民工程，推动公共文化服务设施向社会免费开放；紧接着十八届三中全会首次提出“建立健全现代公共文化服务体系”的构想；十八届四中全会提出，要制定《公共文化服务保障法》；2015年初，中共中央办公厅、国务院办公厅印发《关于加快构建现代公共文化服务体系的意见》，对现代公共文化服务体系建设进行了顶层设计。在这些精神的指引下，各地坚持共建共享文化民生，日益完善的公共文化服务体系正在更广更深地惠及人民群众。

（二）推动文化发展机会共享，赋予人民更多获得感

在“两个一百年”奋斗目标和中华民族伟大复兴的中国梦中，实现人民群众的幸福、让人民有更多获得感始终居于显著地位，深刻体现了立党为公、执政为民的宗旨意识。要想使全体人民在文化民生建设中有更多获得

---

① 习近平:《习近平谈治国理政》(第二卷)，外文出版社，2017年版，第216页。

②《习近平在第二次中央新疆工作座谈会上发表重要讲话》，《新华网》，http://www.xinhuanet.com//photo/2014-05/29/c_126564529.htm。

感，必须要赋予人民文化发展机会。共享发展，需要推进并实现发展机会公平。党的十八大提出的“权利公平、机会公平、规则公平”，正是为了营造一个公平竞争的社会环境，让每个公民都有施展才华的舞台。文化体制机制改革降低了社会组织参与文化建设的门槛，吸引了更多社会力量投身其中，体现了党和政府推动文化发展机会共享的决心。文化民生建设必须植根于群众，服务于群众，不仅将文化“送”进百姓生活，而且将民众“拉”进建设中来。只有实现人人参与，才能“共同享有人生出彩的机会，共同享有梦想成真的机会，共同享有同祖国和时代一起成长和进步的机会”[①]，才能真正实现个人自由而全面的发展。

（三）实现文化发展成果共享，增进人民福祉

实现文化发展成果共享是“共享发展”的核心内容。中国特色社会主义文化本质上是人民大众的文化，是人民共建共享的文化。只有推动发展成果共享，才能切实增进人民福祉，彰显公平正义。在十八届中央政治局常委上任伊始同记者见面时，习近平总书记就指出，人民对美好生活的向往，就是其奋斗目标。他反复强调要真正“使改革发展成果更多更公平惠及全体人民”，真正“做到发展为了人民、发展依靠人民、发展成果由人民共享”。习近平强调要使人民共享发展成果，与一贯强调的“以人民为中心”的发展理念是相一致的。

新时代中国特色社会主义思想的文化民生内容，是在中华民族伟大复兴的宏伟蓝图背景下，中国共产党人所承载的新的使命和新的担当，形成了鲜明的时代特色和理论优势：一是文化民生的价值理想和内容的高度统一，用社会主义核心价值观引领文化民生建设，形成文化民生的根基在人民，血脉在人民，力量在人民的发展理念；二是始终把创新这个时代的最强音贯穿于文化民生建设过程之中，用创新提升公共文化事业的服务水平，用创新激发文化产业的活力；三是未来文化民生建设的重点在于全面推进公共文化

① 习近平：《习近平谈治国理政》（第一卷），外文出版社，2018年版，第40页。

服务能力和服务体系现代化，把公共文化服务体系现代化建设纳入国家治理现代化建设的总体布局之中。

习近平关于民生建设重要论述的几个特点：

第一，理念更加自觉。将文化民生建设与全面建成小康社会、实现中华民族伟大复兴的中国梦有机统一起来，为民生建设注入了新的灵魂。党的十八大以来，习近平把全面建成小康社会、实现中华民族伟大复兴的中国梦作为一面高扬的旗帜来引领民生建设。习近平指出："中国梦的本质是国家富强、民族振兴、人民幸福。"[①]他强调："人民创造历史，劳动开创未来。劳动是推动人类社会进步的根本力量。幸福不会从天而降，梦想不会自动成真。实现我们的奋斗目标，开创我们的美好未来，必须紧紧依靠人民、始终为了人民，必须依靠辛勤劳动、诚实劳动、创造性劳动。"[②]这就清楚地告诉我们，中国梦的实现，不是靠坐等，也不是靠恩赐，而是需要全体人民在党的领导下共同努力奋斗。习近平不仅把中国梦与人民的梦有机联结起来，而且将中国共产党执政的理念、目标和责任与人民对美好生活的向往有机地统一起来。这就赋予了党的十八大以来的民生建设以新的时代内涵，有利于更好地团结和动员全党全国各族人民为创造自己的美好新生活而共同奋斗。

第二，目标更加明确。把我们党的奋斗目标与人民对美好生活的向往有机统一起来。2012年11月15日，刚刚当选中共中央总书记的习近平就掷地有声地郑重指出："人民对美好生活的向往，就是我们的奋斗目标。"在广东考察工作时，习近平又指出，我们党要巩固执政地位、完成执政使命，就必须始终把实现好、维护好、发展好最广大人民的根本利益作为一切工作的出发点和落脚点，不断解决好人民最关心最直接最现实的利益问题，努力让人民过上更好生活。[③]中国共产党作为中国工人阶级和中华民族的先锋队，代

① 习近平：《习近平谈治国理政》（第一卷），外文出版社，2018年版，第56页。
② 习近平：《习近平谈治国理政》（第一卷），外文出版社，2018年版，第44页。
③ 中共中央文献研究室：《习近平关于实现中华民族伟大复兴的中国梦论述摘编》，中央文献出版社，2013年版，第13页。

表的是中国最广大人民的根本利益,中国共产党在中国执政,就是要带领人民把国家建设得更好,让人民生活得更好。正是有着这样的坚定信念和明确目标,党的十八大以来,党和政府在经济下行压力加大、财政收入增速下降的情况下,才能依然坚定不移地把保障和改善民生摆在突出位置,坚持不懈地推进民生建设,使民生建设亮点频现。以2014年为例,在GDP(国内生产总值)增速持续放慢的大背景下,全国居民人均可支配收入实际增长8%,比GDP7.4%的增速高0.6个百分点,跑赢了GDP;财政用于民生的比例超过70%;企业退休职工养老金实现“十连升”,平均上调幅度10%,月均养老金2000元左右;城乡居民大病保险、重特大医疗救助制度、疾病应急救助制度加快建立,城镇居民医保和新农合人均政府补助标准实现“六连增”;全国城镇新增就业1322万人,成为党的十八大以来的最高值,超额完成全年新增就业1000万人的就业目标;等等。

第三,思路更加清晰。更有针对性,也更加务实,我们党一再强调要托“底”、保“底”,要突出“重点”。习近平强调,要“促进公共资源向基层延伸、向农村覆盖、向弱势群体倾斜。关键要抓住以下四点。一是要抓重点,抓住人民最关心最直接最现实的利益问题,抓住最需要关心的人群,多做雪中送炭的事情。二是要抓实在,既尽力而为、又量力而行,做那些现实条件下可以做到的事情,让群众得到看得见、摸得着的实惠。决不能开空头支票,也要防止把胃口吊得过高,否则就会失信于民。三是要抓持久,把保障和改善民生作为长期任务来抓,一件事情接着一件事情办、一年接着一年干,锲而不舍向前走。四是要抓组织,各级干部要带领群众一起干,通过辛勤劳动创造幸福生活,而不能领导热群众不热,也不能群众热而领导不热”[①]。这些重要观点,既与西方一些政客为了选票无限许诺,有着根本的不同,也与西方一些福利国家为此背上包袱,影响自身经济良性发展,最终影响全体人民利益的做法迥异。这一时期习近平的文化民生建设思想,坚持从实际出发,强调抓主要矛盾,突出“雪中送炭”和“托底”,要保障的是最基本的文化民生底

① 中共中央文献研究室:《习近平关于全面深化改革论述摘编》,中央文献出版社,2014年版,第92—93页。

线。这充分彰显了新一代中央领导集体坚持执政为民的真挚情怀和务实进取的思想作风。

第四,更加注重改革。注重制度建设,强调建立和完善保障民生的体制机制。改革开放是我们党在新的时代条件下带领人民进行的新的伟大革命,是当代中国最鲜明的特色,也是我们党最鲜明的旗帜。习近平强调,要积极推动全面深化改革,坚持问题导向,勇于突破创新,以改革促发展、促转方式调结构、促民生改善。特别是党的十八届三中全会通过了《中共中央关于全面深化改革若干重大问题的决定》,对全面深化改革做出了总体部署,强调推进社会事业改革创新,创新社会治理体制。习近平在十八届三中全会的讲话中指出,全面深化改革必须“以促进社会公平正义、增进人民福祉为出发点和落脚点”①,“紧紧依靠人民推动改革”②,“推进任何一项重大改革,都要站在人民立场上把握和处理好涉及改革的重大问题,都要从人民利益出发谋划改革思路、制定改革举措”。③ 党的十八大以来,党和政府通过健全城乡发展一体化体制机制、建立统一的城乡居民基本养老保险制度、颁布施行社会救助条例等重要举措,在制度建设方面迈出了扎实步伐。

第五,更加注重社会公平正义。面对如何处理好今天新的历史条件下效率和公平的关系这一重大课题,以习近平同志为核心的党中央进行了卓有成效的探索。习近平强调:“全面深化改革必须着眼创造更加公平正义的社会环境,不断克服各种有违公平正义的现象,使改革发展成果更多更公平惠及全体人民。”④党的十八大以来,党和政府把促进社会公平正义摆在突出位置,立足于中国社会主义初级阶段的基本国情,正确处理市场与效率、发展与分配的关系,不仅强调要促进经济发展,努力把“蛋糕”做大,为实现公平正义提供坚实的物质基础;同时,更强调要狠抓收入分配,努力把“蛋糕”分好,让发展成果更多更公平地惠及全体人民,促进社会公平正义。

---

① 习近平:《习近平谈治国理政》(第一卷),外文出版社,2018年版,第95页。
② 习近平:《习近平谈治国理政》(第一卷),外文出版社,2018年版,第97页。
③ 习近平:《习近平谈治国理政》(第一卷),外文出版社,2018年版,第98页。
④ 习近平:《习近平谈治国理政》(第一卷),外文出版社,2018年版,第96页。

以习近平同志为核心的党中央领导集体进一步认识到文化民生建设的重要性，特别是对文化民生建设在社会主义核心价值观培育和全面建成小康社会进程中的战略地位有了更加深刻的理解，对文化民生的发展蓝图有了更加清晰的构想。2013年12月党的十八届三中全会对文化民生建设提出了新的战略举措，决定未来工作重点是建立全社会公共文化服务体系协调机制，促进基本公共文化服务标准化、均等化，特别是通过建立群众评价和反馈机制，推动文化惠民项目与群众文化需求的有效对接。未来文化民生的着力点在于，“推动文化惠民项目与群众文化需求有效对接。整合基层宣传文化、党员教育、科学普及、体育健身等设施，建设综合性文化服务中心”。[①] 这是从国家长远发展的战略层面上，使文化民生建设进一步具体化、规范化和制度化，从而推进文化民生建设迈上新征程，以满足广大人民群众新时期文化民生方面的更大需求。

①《中共中央关于全面深化改革若干重大问题的决定》，《人民网》，http://politics.people.com.cn/n/2013/1115/c1001-23559207-11.html。

第四章 中国文化民生建设的政策演进

文化民生政策的初始阶段(1978—2000年)
文化民生政策的探索阶段(2001—2005年)
文化民生政策的深化阶段(2006年至今)

中國政策

2005年,联合国教科文组织大会第三十三届会议通过的《保护和促进文化表现形式多样性公约》对文化政策作了如下定义:"文化政策和措施"指地方、国家、区域或国际层面上针对文化本身或为了对个人、群体或社会的文化表现形式产生直接影响的各项政策和措施,包括与创作、生产、传播、销售和享有文化活动、产品与服务相关的政策和措施。[①]而文化民生政策是政府为了协调并保障人民群众公平地享有基础性文化民生而制定的与文化民生供给及文化民生体系建设相关的法律法规和计划措施。

在我国,文化民生政策的具体形式主要包括政府以保障人民群众基本文化权益为目标的部门规章、发展规划、规范性文件以及政策法规解读等类型的政策性文件。自文化民生作为公共服务的重要领域被提出之后,我国在文化民生发展的各个时期均有不同类型的政策陆续出台。据不完全统计,改革开放以来,1978年至2015年间,中央政府及相关部门共出台了文化民生政策50余项,政策种类包括了文化民生及其产业的发展规划、各类文化民生场所及设施建设或管理标准、文化民生工程实施方案等。我国文化民生政策的数量在2001年以后较2001年以前有明显的增长,并呈现出阶段性波动式增长的特征,在2002年及2013年分别达到阶段性高峰。

总体而言,改革开放以来,根据我国文化民生政策年出台数量的变化和走势,结合我国文化民生政策不同时期的内容和特色,可将我国文化民生政策发展的历程分为三个阶段。

第一节　文化民生政策的初始阶段(1978—2000年)

1978年至2000年为我国文化民生政策的初始阶段。这个阶段的文化民生政策主要着眼于"文化事业"、"文化产业"与"文化市场"方面的相关规

① 《保护和促进文化表现形式多样性公约》,《中国人大网》,http://www.npc.gov.cn/wxzl/wxzl/2007-02/01/content_357668.htm 。

定。1982年，中央陆续出台了《文化部关于省（自治区、市）图书馆工作条例》及《中华人民共和国国民经济和社会发展第六个五年计划（1981—1985）》。1987年，文化部、公安部、国家工商行政管理局联合发布了《关于改进舞会管理问题的通知》，该文件标志着文化市场的开放；之后，文化部、国家工商行政管理局等部门逐渐重视并制定措施规范文化市场的管理。

在文化民生政策的初始阶段，我国出台了为数不多的关于文化民生的政策文件。截至2000年，中央政府相继出台了《群众艺术馆、文化馆管理办法》（1992）、《文化部关于进一步加强农村文化建设的意见》（1998）、《文化部印发〈关于加强老年文化工作的意见〉的通知》（1999）、《文化部关于实施西部大开发战略加强西部文化建设的意见》（2000）等文化民生政策。这些政策对文化民生场馆建设及农村地区、西部地区和老年人群体等的文化民生建设提出了相应要求，表明了文化民生政策的雏形开始形成。然而，该阶段文化民生相关政策辐射面较小，政策的专业性、系统性均较弱。

第二节　文化民生政策的探索阶段(2001—2005年)

2001年至2005年为我国文化民生政策的探索阶段。2001年,第九届全国人大四次会议表决通过了《中华人民共和国国民经济和社会发展第十个五年计划纲要》,该纲要将文化建设作为精神文明建设的重要部分,开辟专章对“繁荣社会主义文化,提高文化生活质量”进行了全面的规划和部署。这不仅标志着文化事业作为我国国民经济和社会发展重要领域之一的地位和作用得到承认与肯定,同时体现出文化民生作为文化事业的重要组成部分已得到充分重视。同年,文化部下发了《文化部关于印发〈文化部关于“十五”期间文化建设的若干意见〉和〈文化部关于深化文化事业单位改革的若干意见〉的通知》,对“十五”期间文化建设的要点进行了指导性补充,并在意见中指出对提供公共文化产品和服务的公益性文化事业单位进行重点扶持。

2001年至2005年间,中央先后出台了《中组部、文化部、教育部、民政部、全国老龄工作委员会办公室关于做好老年教育工作的通知》(2001)、《文化部、教育部关于做好基层文化教育资源共享工作的通知》(2002)、《公共文化体育设施条例》(2003)等多项政策。该阶段的文化民生在政策层面勾勒了文化民生的建设轮廓,并对文化民生的主要方向与重点内容进行了整体把控,从而为文化民生体系的提出与初步构建奠定了基础。这一阶段虽然把公共文化资源共享作为政策的重点进行推进,但系统的文化民生政策体系在此阶段尚未形成。

第三节　文化民生政策的深化阶段(2006年至今)

2006年至今为我国文化民生政策的深化阶段。2006年,第十届全国人大四次会议表决通过《中华人民共和国国民经济和社会发展第十一个五年规划纲要》,该纲要进一步将“文化建设”作为独立的篇章从“社会主义精神文明建设”中单列出来,首次提出了“公共文化建设”这一概念,确定了包括村村通广播电视、农村电影放映、乡镇综合文化站建设、文化信息资源共享、重大文化自然遗产保护、“西新工程”、重大文化设施建设等在内的公共文化建设重点工程,进一步明确了我国“十一五”期间加强社会主义文化建设的具体措施和要求。相应地,国务院办公厅出台了《国家“十一五”时期文化发展规划纲要》,这是我国第一个在中央层面专门部署文化建设的中长期规划。该规划将文化民生从文化中抽出作为单独的部分,针对我国“十一五”期间文化民生的发展提出了完善文化民生网络、加强农村文化建设、普及文化知识、建立健全文化援助机制、鼓励社会力量捐助和兴办公益性文化事业等方面的要求和任务。

2011年,第十一届全国人大四次会议审议通过了《中华人民共和国国民经济和社会发展第十二个五年规划纲要》。该纲要对文化建设的主要内容进行了扩充,明确指出公共文化属于“十二五”时期基本公共服务范畴,并且为“十二五”期间基本公共服务的重点领域之一。该纲要提出,要大力发展文化事业,增强公共文化产品和服务供给能力,并从基层文化民生提供、体育设施免费开放、特殊人群文化民生供给、中西部等欠发达地区文化民生工程建设等多方面明确了“十二五”期间文化民生的发展目标。同时,“十二五”规划纲要在“十一五”规划纲要的基础上,对作为文化事业重点工程之一的文化民生体系建设工程作了明确部署;并在“十一五”规划纲要确定的公共文化建设重点工程的基础之上,新增了边疆少数民族地区新闻出版东风工程，以及地市级公共图书馆、文化馆、博物馆规划建设工程。同年10月，中共十七届六中全会的召开强有力地推动了文化民生政策体系的发展，会议通过的《中共中央关于深化文化体制改革推动社会主义文化大发展大繁荣若干重大问题的决定》强调，要大力发展公益性文化事业、保障人民基本文化权益，建设文化人才队伍，加强文化基础设施建设，完善文化民生网络，构建文化民生体系。2012年，中共中央办公厅、国务院办公厅共同印发了《国家"十二五"时期文化改革发展规划纲要》，指出要加快构建文化民生体系、加强公共文化产品和服务供给、加快城乡文化一体化发展、广泛开展群众性文化活动，按照公益性、基本性、均等性和便利性的要求，以保障人民群众看电视、听广播、读书看报、进行公共文化鉴赏、参与公共文化活动等基本文化权益为主要内容，完善覆盖城乡、结构合理、功能健全、实用高效的文化民生体系。2015年1月，中共中央办公厅、国务院办公厅印发的《关于加快构建现代公共文化服务体系的意见》，对现代文化民生体系建设进行了全面的制度设计，明确提出到2020年基本建成覆盖城乡、便捷高效、保基本、促公平的现代文化民生体系，是文化民生体系建设的标志性重大节点，是推进文化民生体系建设的纲领性文件，对于推动构建覆盖城乡、便捷高效、保基本、促公平的现代文化民生体系具有重要意义和深远影响。

基于《中华人民共和国国民经济和社会发展第十一个五年规划纲要》(2006)、《国家"十一五"时期文化发展规划纲要》(2006)、《中华人民共和国国民经济和社会发展第十二个五年规划纲要》(2011)、《中共中央关于深化文化体制改革推动社会主义文化大发展大繁荣若干重大问题的决定》(2011)、《国家"十二五"时期文化改革发展规划纲要》(2012)等纲领性文化民生政策，中央陆续出台了覆盖文化民生多方面内容的政策文件，包括《文化部关于印发〈文化标准化中长期发展规划(2007—2020)〉的通知》(2007)、《公共图书馆建设标准》(2008)、《乡镇综合文化站管理办法》(2009)、《关于批准发布〈文化馆建设标准〉的通知》(2010)、《文化部、财政部关于进一步加强公共数字文化建设的指导意见》(2011)、《文化部关于印发〈文化部信息化发展纲要〉的通知》(2013)、《国务院办公厅关于推进基层综合性文化服务中心建设的指导意见》(2015)、《国务院办公厅转发文化部等部门关于做好政府向社会力量购买公共文化服务工作意见的通知》(2015)、《博物馆条例》(2015)等。在文化民生政策的深化阶段,中央全方位制定了大量文化民生政策,包括纲领性的文化民生发展规划、针对具体文化民生工程的规划与标准以及文化民生场馆或设施的管理制度等。

该阶段的文化民生政策种类齐全、覆盖面广、层次明晰、实际操作性强,这一初步构建的较为完整的文化民生政策体系为文化民生发展提供了制度支持。但总体而言,这一阶段的文化民生政策目标主要聚焦于文化民生和已有的文化民生工程,层次亦未随着时间的进展而得到较为明显的提升。因此,文化民生政策体系的完善仍需一个更为完整且连贯的发展思路,当前我国文化民生政策还需要向公共文化的各个领域延伸,相关文化民生政策也需要得到持续的落实,相关法律的制定也应得到重视。

通过对文化民生政策发展的历史回顾,可以看出,自党的十五大报告首次将文化发展领域区分为公益性文化事业和经营性文化产业、党的十六大首次提出“文化民生”以来,国家层面对这一领域的认识及界定大致经历了“公益性文化事业”—“文化民生”—“文化民生体系”—“现代文化民生体系”的演进过程,大致涵盖从公益性事业性保障向公共性民生性服务、从保基本广覆盖向保公平全覆盖、从传统型强供给向现代型强消费、从办文化管文化向法制化治理化推进等转变。这充分表明,我国的文化民生体系建设正在从局部探索阶段迈向更加注重体系化,更加注重顶层设计,更加重视制度化、法制化建设的高级阶段,呈现出鲜明的时代性特征,有力地推动了我国文化民生水平的提升。

重

第五章

重庆文化民生建设的资源禀赋

自然环境　历史概况　文化资源

庆

禀赋

第一节 自然环境[①]

自然环境是人类赖以生存的物质基础,人类文化的形成从源头来看就是人类活动适应、改造自然环境的结果。在这个过程中,自然环境既为人类活动提供可供改造的自然资源,也限制、约束着人类活动。在生产力水平越低下的情况下,这种约束力越明显。人文环境则是在人类活动过程中产生的人为的、社会的环境,换言之,人类活动创造了人文环境。

重庆市位于青藏高原与长江中下游平原的过渡地带,中国经济发达的东部地区与资源富集的西部地区的结合部,长江上游三峡库区及四川盆地东南部。地跨北纬28°22′—32°13′,东经105°17′—110°11′,东西长470千米,南北宽450千米,全市面积82400平方千米,在全国31个省、自治区、直辖市中(未计算港澳台地区)居第26位。地界东邻湖北省、湖南省,南靠贵州省,西连四川省泸州市、内江市、遂宁市,北接四川省广安市、达州市和陕西省。

重庆地处四川盆地东南缘,地貌组合差异大。东部和南部靠大巴山、武陵山两座大山脉,西北部和中部以丘陵、低山为主。地域内江河众多,长江干流自西向东横贯全境,在重庆境内流程665千米。以长江干流为轴线,上百条大小支流入江,地势沿河流、山脉起伏,形成南北高、中间低,从南北向长江河谷倾斜的地貌,构成以山地、丘陵为主的地形状态。地形高低悬殊,地貌结构比较复杂,主要有4个特点:一是地势起伏大,层状地貌分明。东部、东南部和南部地势高,最高处大巴山的川鄂岭海拔2796.8米,大多为海拔1500米以上的山地;西部地势低,最低处巫山长江水面海拔73.1米,大多为海拔300—400米的丘陵。长江横穿巫山三个背斜,形成著名的瞿塘峡、巫峡、西陵峡,即长江三峡。由于地貌发育的阶段差异和新构造运动间歇性大面积抬升,在地域内构成从300米到2400米7级层状地貌,逐级分别由南北

① 本节资料参考了《重庆通史》,重庆出版社,2002年版。

向长江河谷降低。二是地貌类型多样，以山地为主。全市地貌形态类型有中山、低山、高丘陵、中丘陵、低丘陵、缓丘陵、台地和平坝等8大类，其中山地（中山和低山）面积62400多平方千米，占全市面积的75.7%；丘陵面积近15000平方千米，占18.2%。三是地貌形态组合的地区分异明显。华蓥山—巴岳山以西为丘陵地貌；华蓥山至方斗山之间为平行岭谷区；北部为大巴山山区；东部、东南部和南部则属巫山大娄山山区。四是喀斯特地貌分布广泛。在东部和东南部地区，喀斯特地貌大量集中分布，地下和地表喀斯特形态发育均佳。在背斜条形山地中发育了川东地区特有的喀斯特槽谷景观。在东部和东南部的喀斯特山区则分布着典型的石林、峰林、洼地、残丘、落水洞、溶洞、暗河、峡谷等喀斯特景观。

从地理气候角度来看，重庆地处四川盆地东南部边缘地带，南连云贵高原和武陵山区，东跨长江三峡进而贯通长江中下游地区。全区以红壤为主，年降水丰富，年积温高，但日照稍有不足，属亚热带季风气候，同时受到太平洋和印度洋气流控制，带有海洋性气候特征。按其地形地貌的不同特征可以将重庆地区划分为三大区域，即西部川中方山丘陵地区、中部和东部川东平行岭谷地区与南部云贵高原边缘地带。具体而言，西部川中方山丘陵地区主要包括：渝西地区的江津区、永川区、璧山区、大足区、潼南区、合川区、荣昌区7个区。这一地区在地形上主要是低山和丘陵。中部和东部川东平行岭谷地区主要包括：渝中地区的主城区、长寿区、涪陵区、南川区、綦江区、丰都县、忠县、垫江县等以及渝东地区的万州区、开州区、梁平区、云阳县、奉节县、巫山县、巫溪县、城口县等区县。这一区域主要以中山丘陵为主。南部云贵高原边缘地带主要包括：渝东南地区的黔江区、武隆区、石柱土家族自治县、彭水苗族土家族自治县、秀山土家族苗族自治县、酉阳土家族苗族自治县等区县。这一地区地貌较为复杂，除了少部分平坝及河谷较为平坦外，主要是丘陵山地喀斯特地貌。根植于这样迥异的自然条件之上的生产生活方式必然有其鲜明的地域特色，也决定了其地域文化必然相互有别、各具特色。

重庆地区属中亚热带湿润季风气候区。其主要气候特点是:冬暖、春早、夏长、秋凉;云雾多,日照少,湿度大,风力小,无霜期长;雨量充沛,却时空分布不均,气候温和,气候资源丰富,光热水同步。具体而言,重庆市的不同区域又有不同的特点。就气温而言,沿长江、嘉陵江河谷低海拔地区(渝西与渝中地区),年平均气温在18℃左右。南部云贵高原边缘地带的渝东南地区与渝东平行岭谷地区年平均气温为17℃左右。降水方面,重庆市常年雨量充沛,但分配不均,主要降水量集中在4—9月。中部和东部平行岭谷地区的沿长江两岸广大地区年降雨量除了渝东北的巫溪、城口等县较高外,其余大部分地区多在1000—1200毫米。南部云贵高原边缘地带(渝东南)年降雨量在1200—1500毫米。而西部方山丘陵地区个别地区如潼南、大足等全年降雨量相对较少。日照分布方面,重庆地区的年平均日照时数为980—1580小时。渝西和渝中地区全年日照时数约为1245小时。渝东地区日照相对较多,年日照时数在1500小时左右。日照时数最少的是渝东南地区,大约为1200小时。气候及地貌上的区域差异很大程度上影响着重庆地区社会经济的发展。

从水文角度来看,重庆市境内河流广布,水资源十分丰富。按重庆地形地貌所划分区域来讲。西部川中方山丘陵地区主要河流有嘉陵江、涪江、渠江、綦江、五布河、小安溪、永川河、濑溪河、璧北河、梅江河等河流。流经中部和东部川东平行岭谷地区的江河除了贯穿重庆市全境的长江外,还有孝子河、花溪河、梁滩河、藻渡河、蒲河、清溪河、龙溪河、桃花溪、御临河、笋溪河、梨香溪、渠溪河、碧溪河等。渝东地区主要河流有干井河、汤溪河、泥溪河、长滩河、梅溪河、草堂河、大溪河、大宁河、鳊鱼溪等。南部云贵高原边缘地带区域内主要河流有长江主要支流乌江及支流酉水、郁江、龙河、阿蓬江、龙潭河等。河流分布密集,为重庆的航运提供了极其便利的条件。水文化也成为了重庆地区的重要文化特色之一。其中中外驰名的三峡地区更是勾连东西的水路命脉,依赖于峡江水运业的各种文化符号在峡江地区更是大放异彩,纤夫运输时呼喊的峡江号子、与巴人船文化密切相关的悬棺文化、有赖水运的盐井遗址和商业古镇则是这一地区的特点。

从矿产资源角度来看,“重庆市是我国特大城市中矿藏资源最丰富的地区”[①]。区域内矿藏种类多、储量大、分布广。在中部和东部平行岭谷地区分布较集中,主要矿藏为煤炭、天然气、铝土等。三线建设时期大量的军工企业纷纷迁入川东平行岭谷如南川、綦江、涪陵等地区,资源丰富乃是其迁建于此的原因之一。其不仅增强了重庆的经济实力,由建设者所带来的外地文化也丰富了重庆当代的文化内涵。

文化的形成总是在一定的地域之中。地域中的自然条件和人文环境在某种程度上影响了文化的形成。重庆地处中纬度地区亚热带湿润季风气候带,具有冬暖夏热、热量丰富、雨量充沛、无霜期长等特点,适宜人类居住、生存。重庆早期人类活动遗迹比较丰富,三峡地区发现有迄今东亚最早直立人种——巫山人,一定程度上是因为中生代的地壳运动造就了长江三峡的自然风貌,同时产生了丰富的水资源和动植物资源,适于人类繁衍、生存。巴文化产生于三峡地区,除了三峡地区拥有丰富的水资源和动植物资源外,还与本地区丰富的岩盐资源有关,盐业生产成为巴人重要的经济生活方式,巴文化遗址中出土的大量制盐陶器正是巴文化的典型特征体现。再如重庆地区多古代军事遗存,宋蒙战争中南宋军民依靠山城防御体系有效抵挡了蒙古大军。山寨众多,且多分布在主城周边、渝西地区及渝东北部分低山丘陵地带,从人文因素来看,主要是因为历史上四川、重庆地区多匪患、战乱,在长期的斗争中民间形成了结寨自保的传统;从自然地理环境来看,上述地区相对渝东南、三峡地区地势较缓,缺乏高山深壑的天然屏障,需筑寨防御。

---

① 中共重庆市委研究室:《重庆市情》,重庆出版社,2000年版,第11页。

第二节 历史概况[①]

重庆古称巴，简称渝。称巴，主要缘于巴人参加了商朝末年武王伐纣的战争，按战功于西周初年受封建立了巴国，其都城虽数次迁徙但多在今重庆境内。秦灭巴后，依巴国故地设置巴郡。称渝，缘于嘉陵江，嘉陵江古称渝水，而重庆母城即建筑在嘉陵江与长江的汇合处，隋时依渝水命名渝州。

公元前316年，正在崛起的秦国派张仪、司马错先灭蜀后灭巴，两年后设立蜀郡和巴郡，张仪筑江州城为巴郡郡治。即今长江与嘉陵江汇合处重庆母城。秦统一六国后分天下为三十六郡，巴郡为其一。汉武帝元封五年(公元前106)，创设州、郡、县三级行政体制，巴郡、蜀郡统属益州刺史部，简称益州。南梁时期，置楚州、信州。隋开皇三年(583)，改楚州为渝州，另置合州、信州、南州等。唐代设渝州、合州、通州、涪州、南州、忠州、万州、开州、夔州、黔州，分别属山南西道、山南东道、黔中道。宋代，改渝州为恭州，后升为重庆府。元代四川南道宣慰司驻重庆，管辖重庆路、夔州路、绍庆府、怀德府，属四川行省。元末农民大起义中建立大夏，都重庆。明代设重庆府、夔州府，重庆卫、瞿塘卫，另置酉阳宣慰司、石砫宣慰司，属四川布政司。清代，置重庆府、夔州府、忠州直隶州、黔彭直隶厅、石柱直隶厅，属四川行省。

历史的独特与文化的精彩往往寓于个别人物或事件之中。成汉时期，李雄攻占巴郡后，即以巴郡置荆州，为重庆地区由郡升州之始。宋徽宗崇宁元年(1102)，改渝州为恭州。宋孝宗淳熙十六年(1189)，恭王赵惇即皇帝位，是为光宗，依制升恭州为重庆府，以纪念其先封恭王又登大位的双重喜庆。宋理宗淳祐二年(1242)四川制置司移驻重庆府。重庆首次成为四川政治、军事中心，指挥了抗蒙抗元的重庆保卫战，上演了钓鱼城之战的历史大剧，深刻影响了世界历史。元至正十七年(1357)，元末农民起义军西路红巾

① 本节资料参考了《重庆市情》，重庆出版社，2000年版。

军领袖明玉珍以重庆为都，建立政权，1363年称帝，建大夏国，管辖今重庆、四川及贵州、云南部分地区，越二世被朱元璋统一。大夏国是继巴国之后在重庆主城区建都的第二个政权。辛亥革命后，重庆成立了蜀军政府，后并入成都大汉军政府。1921年，刘湘在重庆就任四川各路军总司令兼四川省长。1927年设重庆市政厅，任潘文华为市长，1929年改市政厅为市政府。1937年抗日战争爆发，国民政府于11月移驻重庆，重庆成为中国战时首都。1940年9月6日，为鼓舞全国抗战，令重庆为陪都。同月组建陪都建设计划委员会，详细规划重庆建设。国民政府还都南京后，重庆仍为陪都和行政院直辖市。1949年11月30日重庆解放。12月，中共中央西南局入驻重庆。1953年重庆市改为中央直辖市。1983年，中央批准重庆为全国大城市综合改革试点城市，为计划单列市。

现在的重庆市是在中共第八届全国人民代表大会第五次会议中（1997年）批准设立的直辖市，管辖原重庆市、万县市、涪陵市、黔江地区所辖行政区域。[①]下辖38个行政区、县（自治县）：有26个区（万州区、黔江区、涪陵区、渝中区、大渡口区、江北区、沙坪坝区、九龙坡区、南岸区、北碚区、渝北区、巴南区、长寿区、江津区、合川区、永川区、南川区、綦江区、大足区、璧山区、铜梁区、潼南区、荣昌区、开州区、梁平区、武隆区）；12个县（自治县）（城口县、丰都县、垫江县、忠县、云阳县、奉节县、巫山县、巫溪县、石柱土家族自治县、秀山土家族苗族自治县、酉阳土家族苗族自治县、彭水苗族土家族自治县）。重庆以主城区为依托，各区县（自治县）形如众星拱月，构成了大、中、小城市有机结合的组团式、网络化的现代城市群。

① 中共重庆市委研究室：《重庆市情》，重庆出版社，2000年版，第4页。

第三节 文化资源

重庆历史悠久，文化丰厚。距今204万年前的巫山人拉开了重庆大地上人类活动的序幕。从旧石器文化、新石器文化到商周时期，形成了多族群交融的巴文化。再经秦汉至隋唐，逐渐融入中原文化、中华文化的大家庭，结出了以巴渝舞、竹枝词为代表的具有全国性影响力的文化硕果。宋代至明清，重庆逐步成为区域政治经济中心，文化渐呈繁荣之势，产生了一大批以大足石刻、川江号子等为代表的具有世界影响力的文化力作，形成了重庆文化发展的第一次高潮。自1891年开埠，重庆迅速成长为整个西南地区的经济文化中心，大量先进的思想传入，使重庆成为引领西部的时代先锋。四川的第一张报纸、第一个新式工业企业，都在重庆出现。抗战时期重庆成为中国最重要的政治、经济、教育和文化中心，与伦敦、莫斯科、华盛顿并称二战名城，第一次具备了世界知名度。新中国成立后，历经三线建设、计划单列、恢复直辖的重庆，更是涌现出了小说《红岩》、油画《父亲》、川剧《金子》、杂剧《舞流星》、木刻《而立之年》等为代表的一大批思想精深、内容精湛、制作精良的文艺精品。

重庆历史的演变留下了非常丰富的文化遗存。根据重庆市第三次全国文物普查数据显示，截至2011年，重庆已登录的不可移动文物为25 908处，其中新发现17 244处文物、复查8664处文物，另确认消失文物4002处。从文物构成类别看，现存古遗址1542处、古墓葬15 686处、古建筑4181处、石窟寺及石刻2056处、近现代重要史迹及代表性建筑2398处、其他文物45处。该次登录不可移动文物占地总面积为291 332 293.60平方米。从所有权看，国家所有的占总量80.33%，集体所有的占总量7.09%，个人所有的占总量11.73%，权属不明的占总量0.85%。重庆馆藏可移动文物总量76万余件(含化石及动植物标本)。按时代分，旧石器时代80处、新石器时代72处、夏时期29处、商时期114处、西周时期118处、东周时期186处、秦时期88处、汉代2007处、三国时期563处、两晋时期540处、南北朝时期537处、隋代73处、唐代194处、五代74处、宋辽金时期747处、元代97处、明代1892处、清代18965处、中华民国时期2077处、中华人民共和国时期871处、时代待定的214处。从文物保护级别来看,重庆有世界文化遗产1处(大足石刻),列入我国世界文化遗产预备名单2处(合川钓鱼城遗址、涪陵白鹤梁题刻),全国重点文物保护单位55处、市级文物保护单位277处、区县级文物保护单位1699处[①];市级优秀近现代建筑98处,其地位等同于市级文物保护单位;挂牌保护的抗战遗址183处。重庆市现有中国历史文化名镇16个、市级历史文化名镇(另含街区、亟待抢救和三峡库区迁建的传统风貌村)26个、历史文化传统街区3个;进入首批中国传统村落的有14个。

截至2017年底,重庆市有博物馆100个,文化馆41个,公共图书馆43个,艺术表演团体13个。广播综合人口覆盖率99.04%;电视综合人口覆盖率99.27%。公共图书馆人均图书拥有量0.58册(张)。博物馆藏品总量近13万件/套,其中藏品数量5000件/套以上的6家,10000件/套以上的4家。有国家级综合档案馆40个、市级专业档案馆1个、市级部门档案馆4个。

全市非物质文化遗产初期普查共计10个类别4110项,其中有民间文学798项、传统音乐817项、传统舞蹈275项、传统戏剧69项、曲艺119项、传统体育·游艺与杂技151项、传统美术155项、传统技艺750项、传统医药250项、民俗645项、其他81项。

重庆地域文化既源远流长又丰富多彩,源远流长的巴渝文化、享誉世界的三峡文化、彪炳史册的革命文化、影响深远的抗战大后方文化、独树一帜的移民文化、繁荣兴盛的工商文化构成了重庆地域文化的主体。

源远流长的巴渝文化。巴渝文化起源于巴文化,是历代巴渝地区居住民在发展中所累积成的地域性文化。与气候温和、土地肥沃、号称天府之国的四川盆地和沃野千里的长江中下游平原相比,重庆的自然条件恶劣,“大

① 区县级文物保护单位数量统计截止于2012年12月。

山大水大雾大火炉”,曾经是其气候环境条件的真实写照。古人云:“仁者乐山、智者乐水”,正是这种艰苦的自然条件使巴渝人民得到磨炼,使巴渝人民拥有了耐苦尚勤、坚忍顽强、热情豪放的性格。从巴蔓子将军的刎颈报国到“革命军中马前卒”邹容倡导共和的激昂呼号,巴渝人民留下了可歌可泣的英雄壮举。三国时刘备、张飞、赵云等在白帝城、江州留下千古传奇。唐代大诗人刘禹锡的竹枝词、白居易的忠州诗、杜甫的夔州诗,筑就了巴渝诗歌的巅峰。宋代至明清,巴渝文化进一步丰富发展。宋代涪陵学派成为理学的重要组成部分,明代大儒来知德成为《易经》研究的集大成者;以钓鱼城之战为代表的南宋抗蒙战争,则将巴渝地区长期以来浓厚的军事文化发挥得淋漓尽致。

享誉世界的三峡文化。长江三峡是世界级河流中著名的自然大峡谷,同时又是一条承载了几千年人类历史的人文大峡谷。三峡地区孕育繁衍出神秘的巫盐文化、水文化、诗词文化、三国文化、航运文化等。长江三峡重庆段,从白鹤梁、石宝寨到张飞庙、白帝城,从鬼城丰都、诗城奉节到红叶巫山,自然与人文之美交相辉映。既有雄奇的夔门、神女峰美景,也有闻名遐迩的白帝托孤故事,更有传诵千古的朝辞彩云。一个个独具特色的文化符号犹如一颗颗珍珠,连缀成一条历史悠久的三峡文化长廊。峡江流域丰腴的人文精神与瑰丽的自然资源的结合,使重庆具有不凡的发展潜力。

彪炳史册的革命文化。重庆是一座有着光荣革命传统和革命传统教育资源丰富的城市。清末,邹容的《革命军》首倡共和,吹响了辛亥革命的号角;同盟会在重庆开展了武装斗争,建立了蜀军政府。新文化运动和五四运动后,中共第一个地方小组在重庆成立、中共第一次大规模武装起义在重庆策划,早期的马克思主义在巴渝大地生根发芽。三大主力红军先后都在重庆进行过艰苦的革命斗争,播撒了革命的火种。特别是以周恩来为首的中共南方局和以江竹筠为代表的红岩英烈,在重庆进行了不屈不挠的斗争,形成了光耀千秋的红岩精神,成就了重庆革命文化的高峰。红岩精神同井冈山精神、长征精神、延安精神一样,都是中国共产党人和中华民族的宝贵精神财富。重庆还是中国统战文化的重要发祥地。在中国共产党特别是南方局领导下，为建立抗日民族统一战线和人民民主统一战线，围绕救亡图存、民族团结的时代主题，形成了独具特色的统战文化。在重庆诞生的各党派政治民主协商的制度安排，为新中国奠定了重要的政治基础。

影响深远的抗战大后方文化。抗战时期，一大批学者和大量教育、科技、文化机构汇集重庆，使重庆成为中国大后方的文化中心。重庆为保存中华民族文化火种、延续中华文化血脉做出了重大贡献。抗战大后方文化不仅提升了重庆的城市地位，也提升了重庆的城市品位，重庆由一个西南地区的经济中心一跃成为中国战时临时首都、世界二战名城。这一时期给重庆文化基因增添的荣耀、自豪和世界知名度绵延至今。

独树一帜的移民文化。移民是民族融合、文化交流的重要载体。重庆历史上经历过7次大规模移民高潮，跨越3000年，其体量之巨大，类型之丰富，时间跨度之长，国内罕见。重庆自古就是一个移民城市，在当今重庆主城区，祖辈为土生重庆人的比例只有不到三分之一。在历史上对重庆文化发展起到重大影响的移民过程主要有4次。第一次，明末清初"湖广填四川"运动。在明清时期，大量湖南、湖北、广东籍居民进入重庆，曾经一度占重庆市区人口的40%以上。第二次，抗战时期内迁移民，1937年全面抗战爆发后，战区的高等院校、学术文化机构和逃难百姓等纷纷迁到重庆。有资料显示，到1938年6月，长江中下游来渝入户的人口达41.9万余人。第三次，"三线建设"时期内迁移民。1964年至1980年长达16年的"三线建设"，是一场以战备为指导思想的大规模国防、科技、工业和交通基本设施建设。地处西南的重庆，由于其特殊的地理位置和较强的工业基础，成为"三线建设"企业内迁的重点地区。第四次，三峡库区移民。为建设三峡工程，重庆多个区县上百万移民需避让搬迁，这形成了一场持续18年的三峡工程大移民，至2010年结束。而当下重庆正经历一次规模更大、时间更持久、影响更深远的移民过程。伴随重庆城市拓展和城镇化过程，将有数百万农村、郊县人口融入重庆主城。持续不断的移民，铸就了重庆这座城市开放、包容的文化情怀，充分体现了重庆对国家的责任和担当。

繁荣兴盛的工商文化。工商文化是重庆城市发展的重要推动力。早在先秦时期,巴寡妇清是中国正史记载的第一位女实业家。宋代以后,重庆、夔州商埠兴盛,成为川东重要的物资集散地。近代,重庆作为最早开埠的西部城市,以火柴制造为开端,棉纺、冶金、玻璃、电力、丝纺、采煤等近代工业相继出现,在四川乃至整个中国西部地区处于领先地位。抗战时期,重庆更成为整个大后方的经济中心。新中国成立后,重庆作为国内重要的重工业基地,是国家重要的战略大后方。时至今日,丰厚的工商文化积淀,在重庆建设长江上游经济中心、金融中心、内陆开放高地,建成国内重要的中心城市的进程中,仍将发挥重要的推动作用。

重庆文化是中华优秀传统文化中不可或缺的有机组成部分。在漫长的历史长河中,重庆形成了特色鲜明的地域文化,是中华文化的地域性展开和具体化。重庆文化中一以贯之的质直好义、尚诚守信、自强不息、爱国奉献等丰富了中华优秀传统文化的核心价值和传统美德。以巴渝文化为主体的重庆文化在中华文化起源、承续和创新过程中多次做出了独特的历史贡献。钓鱼城之战使南宋国祚得以延长,保存和延续了当时先进的经济和文化。抗战时期重庆成为中国大后方文化中心,使中华文化得以维系传承。重庆文化守护、丰富、壮大了中华民族共有的精神家园,是中华优秀传统文化不可或缺的有机组成部分。重庆文化也是长江文化中极具个性的独特组成部分。长江文化是长江流域地区多层次、多维度的各种文化的集成,是巴蜀文化、荆楚文化、吴越文化三个区域文化共同组成的文化复合体。长江三峡地区特殊的自然和人文环境形成了重庆人劲勇刚烈、质直好义、百折不挠、开放包容的文化特征。重庆熠熠生辉的三峡文化,是具有世界美誉度的峡江文化,成为长江文化中个性独特、风姿卓然的美丽风景。重庆文化更是巴蜀文化中富有活力的重要组成部分。巴蜀文化是以巴蜀地区为依托,北及天水、汉中,南涉滇东北、黔西北,生存和发展于长江上游流域,具有历史延续性表现形式的区域文化。巴文化与蜀文化始源独立又交融发展。巴地

“滨江山险,其人半楚,姿态敦重”;蜀地“地称天府,君子精敏,小人鬼黠”。巴文化豪放阳刚的美学风格与蜀文化阴柔婉约的美学风格如双星闪耀,各领风骚,各美其美。二者在不断的交流、碰撞、融汇过程中,形成了我中有你、你中有我的互融格局,造就了巴蜀文化刚柔相济、文质互补、阴阳相和的文化性格,美美与共。

重
庆
现
状

第六章

重庆文化民生建设的现状

发展历程　主要成就和问题　基本特征

第一节　发展历程

2002年11月中国共产党第十六次全国代表大会在北京召开，在《全面建设小康社会，开创中国特色社会主义事业新局面》报告中，第一次把政府职能归结为：经济调节、市场监管、社会管理和公共服务四个方面，这标志着中国政府构建公共服务理念的正式提出，同时公共文化服务体系作为政府公共服务的重要内容之一开始进入公众视野。2005年国务院下发《国务院关于2005年深化经济体制改革的意见》，进一步明确要加快公共文化服务体系建设。2005年十六届五中全会通过的《中共中央关于制定国民经济和社会发展第十一个五年规划的建议》提出："积极发展文化事业和文化产业。加大政府对文化事业的投入，逐步形成覆盖全社会的比较完备的公共文化服务体系。"在这个中共中央全会的文件中，首次出现了以"覆盖全社会的""比较完备的"为定语的有关"公共文化服务体系"的新提法。2006年9月，《国家"十一五"时期文化发展规划纲要》进一步明确了公共文化服务作为文化建设的重要组成部分的地位，并对其内容进行了解释和指引。2007年，中共中央办公厅、国务院办公厅印发了《关于加强公共文化服务体系建设的若干意见》，文件提出的实施重大公共文化服务工程，为推进全国各地的公共文化服务体系建设做出了巨大贡献。2010年12月国家文化部、财政部联合下发了《国家公共文化服务体系示范区（项目）创建标准》，对中国东、中、西部提出了不同的建设目标及要求。2013年党的十八届三中全会通过的《中共中央关于全面深化改革若干重大问题的决定》中，第一次明确提出"现代公共文化服务体系"概念，对公共文化服务体系在中长期的发展趋势进行了定位。2015年1月，中共中央办公厅、国务院办公厅印发《关于加快构建现代公共文化服务体系的意见》，提出全国到2020年，基本建成覆盖城乡、便捷高效、保基本、促公平的现代公共文化服务体系。公共文化设施网络全面覆盖、互联互通，公共文化服务的内容和手段更加丰富，服务质量显著提升，公共文化管理、运行和保障机制进一步完善，政府、市场、社会共同参与公共文化服务体系建设的格局逐步形成，人民群众基本文化权益得到更好保障，基本公共文化服务均等化水平稳步提高。

党的十六大以来，重庆的文化建设在重庆市经济社会发展中置于更加突出的位置，通过持续努力，在公共文化服务体系建设领域取得显著成效，初步实现了从传统文化事业向现代公共文化服务体系的转变，人民群众基本文化权益进一步得到实现，一个覆盖城乡、以基层群众为主要服务对象的网络体系和建设机制初步形成。

重庆市公共文化服务体系建设过程，大致可以划分为以下三个阶段：

一、起步探索时期（2002—2005年）

根据1998年重庆市文化局提供的数据显示，直辖初期，重庆的公共文化设施基本处于空白状态。第一，文化演出场所奇缺。1998年重庆虽有25个演出场所，但能够承办演出的仅6个；直辖后恢复重建了一些专业演出场所，如实验剧场、川剧院等，但这些演出机构或规模太小，或地处偏僻（因种种原因，许多本居闹市，位置十分优越的演出场所相继被改作他用，如解放碑夫子池艺术中心、国泰大剧院等），到2005年尚无一座音乐厅或歌剧院。如此状况，根本无法承接大型外来优秀剧目演出。1998年，中国文联、中国电影家协会和重庆市政府联合在重庆举办第七届中国金鸡百花电影节，由于没有合适的演出场所，不得已在8个主城区采取分会场的形式，这虽然体现了重庆群众文化的特色，但的确是一种无奈的选择。第二，展览馆设施陈旧且严重不足。市博物馆展厅修建于20世纪50年代，当时已成危房；自然博物馆无展厅，致使一些恐龙化石和80 000多件珍贵标本存放于库房，不能发挥其应有的作用；美术、艺术展厅尚属空白，在全国美术界具有重要影响的四川美院的众多优秀作品，只能放置于四川美院的展厅里，不能在陶冶市民情操、提高市民素质上发挥作用。第三，图书市场规模小，没有一个较大规模的书市或书城,重庆市最大的新华书店解放碑总店已趋于饱和而不能适应市民的需要。

与其他大城市相比,重庆文化设施处于相当落后的状态。上海自“八五”以来已建成一批充满现代气息而气势恢宏的文化设施,如上海博物馆、上海自然博物馆、歌剧院、国际会展中心等80多个项目,向全世界充分展示了上海的文化形象。天津、广州、深圳、成都、昆明等城市都加大了文化设施建设的力度,仅图书馆和博物馆两项,就远远超出了重庆的发展水平。

2003年6月,中央召开了文化体制改革试点工作会议,确定在9个地区和35个文化单位进行文化体制改革试点。作为第一批9个试点省市之一,重庆决定以建设标志性公共文化设施为突破口,大力推进文化发展。2003年7月4日,重庆市委常委会决定采取超常规的方式,集中财力,投资45亿元建设重庆大剧院、重庆图书馆、国泰艺术中心、重庆会展中心、重庆少年宫等具有功能性、标志性的社会文化事业基础设施。无论在建设规模还是投资金额上,都是新中国成立以来重庆投资社会文化事业最大、最集中的一次。2005年12月,市委、市政府召开重庆直辖以来首次重庆市文化工作会议,确立文化兴市战略,把巴渝文化确定为重庆文化的基础,出台了《关于进一步加强文化建设的意见》,制定了《重庆市“十一五”时期文化发展规划纲要》,提出了把重庆建成与长江上游经济中心相适应的文化中心的目标,明确了重庆文化建设的重点任务和保障措施。

二、蓬勃发展时期(2006—2010年)

2007年6月7日,国家发改委下发《国家发展改革委关于批准重庆市和成都市设立全国统筹城乡综合配套改革试验区的通知》(发改经体〔2007〕1248号)。重庆市抓住建设全国统筹城乡综合配套改革试验区的机遇,积极争取文化部的支持。2008年10月,文化部与重庆市政府签订了部市工作会商议定书,建立起长期合作战略机制,每年会商一次。文化部通过有力的政策和项目支持了重庆的文化建设,如:把重庆已建的285个乡镇综合文化站纳入公共文化服务补助体系，每一个文化站由中央财政补助8万元；明确支持重庆举办一系列国家级的节庆活动；等等。

2009年1月，国务院出台了《国务院关于推进重庆市统筹城乡改革和发展的若干意见》(国发〔2009〕3号)。这个文件明确要求重庆“在西部地区率先建成覆盖城乡的公共文化服务体系和文化产业发展机制”，同时允许重庆开展建立公共文化服务体系财政保障机制的试点工作。这些体制优势是西部其他省市无法比拟的。

2006年到2010年，重庆社会经济进入全面发展的高增长时期，市政府对文化设施的投入达到了前所未有的高度。2009年，市级文化设施总量达到29万平方米，投入资金约33.5亿元。[①]它们的陆续建成，使重庆市的社会文化事业基础设施总体水平跃上一个新台阶。重庆中国三峡博物馆成功申报为首批国家一级博物馆，并被确定为中央与地方共建的培育单位。重庆市共有32家博物馆、纪念馆施行免费开放政策。

这一阶段，除了重视市级标志性文化设施的建设，重庆市委、市政府同时还把乡镇文化建设的相关问题提上了议事日程。2008年，市委、市政府出台了《关于加强公共文化服务体系建设的实施意见》(渝委发〔2008〕17号)，市委宣传部、市编办、市财政局、市人事局、市文广局联合下发了《关于认真落实渝委发〔2008〕17号文件精神进一步加强乡镇文化建设有关问题的通知》(渝委宣〔2008〕134号)等。随着文化建设的推进，基层人民群众的文化民生得以明显改善。

政府对文化事业的投入持续加大。1978年，重庆对文化事业经费投入为553万元。1990年至1996年，重庆市投入文化建设资金约3.2亿元，市级重大文化设施总面积6万平方米。1997年重庆直辖，当年文化事业财政拨款1.10亿元。2007年，重庆市文化事业财政拨款5.81亿元。[②]

① 《重庆计划3年内投入173.5亿 增加服务娱乐设施2000家》，《重庆商报》，http://news.163.com/09/0422/10/57GFJMIK0001124J.html。

② 《十大文化项目“美”化市民生活》，《华龙网》，http://news.sina.com.cn/c/2009-06-17/074015803046s.shtml。

三、完善升级时期(2010年至今)

这一时期,重庆的重大文化设施大量建设,许多设施在西部甚至全国都处于领先地位。相关部门开始把重心向基层转移,以文化共享工程等四大公共文化服务体系的相关工程为抓手,将公共文化服务体系建设的重心放在基层镇街。通过几年的建设,重庆已基本实现了基层公共文化设施"全覆盖"。

截至2013年,重庆大部分主城区已建成综合文化活动中心、社区综合文化站并投入运行;城区街道和社区的文化信息共享工程已基本实现全覆盖,基层服务点的重要作用得以凸显。群众得以在家门口享受方便快捷的社区文化服务,之前提出的城镇"15分钟文化服务圈"建设目标已初步实现。

重庆市各区还不断创新服务方式,形成了一批知名的地方文化服务项目。如:渝中区区财政每年投入600万元运行经费,区属公益性文化设施免费开放,协调25处市级特色文博场所和文化设施免费开放,通过引进8家市级文艺院团、举办CBD周末音乐会等形式开展电影、戏剧、非遗文化等进社区活动;北碚区将镇街图书阅览室藏书纳入"一卡通"流通范畴,率先实现图书通借通还。

为建设现代公共文化服务体系,重庆市在引进社会力量参与公共文化服务方面做了积极探索,主要体现在:一是鼓励公共文化建设主体向多元化发展,鼓励、培育从事社区文化活动的社会组织。将可以由社会组织承担的公共文化服务职能交给社会组织,为其发展拓展空间;通过出台扶持政策、法规,为其提供发展的支撑;加强资金支持。二是发挥企业在社区公共文化服务体系构建中的作用。市场具有高度的公开性与竞争性,企业可通过兴办实体、资助项目、赞助活动、提供设施等形式参与公共文化服务。

第二节 主要成就和问题

党的十八大以来，以习近平同志为核心的党中央准确把握国际国内的基本形势和历史任务，将文化民生建设放在党和国家全局工作的重要战略地位，不断深化对社会主义文化发展规律的认识，进一步阐明了文化民生建设的一系列重要理论问题，在提出一系列文化民生新思想新理念的同时，还在实践上采取了一系列加强文化民生建设的新举措，文化民生建设取得了空前的丰硕成果。在市委、市政府的领导下，重庆市文化系统围绕统筹推进“五位一体”总体布局和协调推进“四个全面”战略布局，全面贯彻落实中央和市委、市政府的重大决策部署，坚持社会主义先进文化前进方向，坚持弘扬社会主义核心价值观，坚持以人民为中心的发展思想，以文化繁荣发展为主线，以文化惠民为主旨，以改革创新为动力，推动文化事业文化产业协调发展，为重庆市经济社会发展提供了丰润的文化滋养和强大的精神支撑。

一、主要成就

(一)培育和践行社会主义核心价值观

党的十八大报告将社会主义核心价值观概括为“三个倡导”，即“倡导富强、民主、文明、和谐，倡导自由、平等、公正、法治，倡导爱国、敬业、诚信、友善”，树起中华民族在新时代的精神旗帜，成为凝聚社会共识的“最大公约数”。各地以高度的自觉性，学习和贯彻党的十八大会议精神和习近平总书记系列重要讲话精神，深入推广普及社会主义核心价值观，切实加强思想道德建设，使爱国、敬业、诚信、友善等道德规范能够深入人民群众心中，有力促进了公民道德素质的提升。重庆的专家学者和实际工作者深入基层，通过讲坛论坛、座谈交流等方式，开展互动式的宣传教育，增进人们对社会主义核心价值观的理解和认同。在重庆,无论在城市还是在农村,人们都可以通过广播、电视、报纸、杂志、网络等多种传播平台,学习社会主义核心价值观。同时,重庆对各行业涌现出的时代楷模进行了报道,为事迹突出、具有重大社会影响的人物举办了先进事迹报告会。

(二)文化体制改革完成阶段性任务

2003年,重庆被中央确定为首批文化体制改革综合性试点地区。按照中央的决策部署和市委的工作要求,加大改革力度,加快改革进度,统筹推进宏观管理体制改革和微观运行主体改革,确保了既定的任务书、路线图、时间表的完成,有力地促进了文化事业、文化产业协调发展,探索了文化行政管理体制改革。2004年9月,市广电局与市广播电台、电视台分离,并与市文化局合并成立市文化广播电视局。2013年12月,在全国率先探索文化大部门制,成立市和38个区县(自治县)两级文化委员会。2004年12月,组建市文化市场行政执法总队,理顺了文化市场管理体制。2010年底,完成8家市级文艺院团(重庆市级文艺院团的改革情况见表1)和19家区县文艺院团改革,组建重庆演艺集团有限责任公司、红岩文化产业集团,保留重庆市川剧院、重庆市歌剧院事业体制,新设重庆芭蕾舞团。深化文化企业改革。2011年,重庆市各区县有线电视网络整合工作全面完成,实现了全市广电网络"统一发展规划、统一技术标准、统一业务平台、统一市场拓展、统一运行维护"。2005年,重庆市电影公司完成改制,市电影公司与中国保利集团下属企业共同改组重庆万和电影院线为保利万和电影院线。成立四大国有集团公司。1998年,重庆新华书店集团成立;2001年,重庆日报报业集团成立;2004年,重庆广电集团成立;2005年,重庆出版集团成立。深化公益性文化事业单位改革。推进领导管理体制、人事制度和分配制度三项改革,逐步建立竞争、激励和约束机制,推动公益性事业单位法人治理结构试点,2016年,组建重庆市图书馆理事会,完善理事会运行机制。2017年,全面推进文化馆、图书馆、博物馆总分馆制建设。开展国有文化企业社会效益评价,实现社会效应和经济效益相统一。推动文化行政审批改革，自2013年行政审批改革启动到2017年，取消市区（县）两级审批项目46项，下放市级审批权限12项，清理规范中介服务事项32项，取消非行政许可项目10项，网上行政审批率实现100%，压缩审批总时限35%，从“办文化”转向“服务文化”。

表1　重庆市级文艺院团改革情况（2003—2010年）

序号	改革前名称	改革后名称	现主管单位
1	重庆市歌舞团	重庆歌舞团有限责任公司	重庆市文化和旅游发展委员会
2	重庆市杂技艺术团	重庆演艺集团有限责任公司	
3	重庆市曲艺团		
4	重庆市越剧团		
5	重庆市京剧团	重庆市京剧团有限责任公司	
6	重庆市话剧团	重庆市话剧团有限责任公司	
7	重庆市川剧院	重庆市川剧院	
8	重庆市歌剧院	重庆市歌剧院	

资料来源：重庆市文化和旅游发展委员会

（三）文化基础设施得到较大改善

大型文化设施是衡量一个城市文化底蕴、文化水准的标尺，也是其经济发展水平、社会精神风貌的反映，因而，从某种程度上讲，大型文化设施是一座城市的品格与魅力的标志。党的十六大以来，重庆为构建与长江上游经济中心相适应的西部地区文化高地，在大型标志性文化设施建设方面取得了很大的成就。这些文化设施功能各异，地理位置不同，各具鲜明特色，有着很强的代表性和吸引力。坚持以大项目带动大投入推动大建设，着力夯实文化阵地，实现市、区县、乡镇（街道）、村（社区）四级文化网络服务全覆盖。重庆直辖以来，建成重庆中国三峡博物馆、重庆图书馆新馆、红岩联线旅游基础设施、重庆大剧院、重庆广电大厦、川剧艺术中心、中国民主党派历史陈列馆、国泰艺术中心、重庆市群众艺术馆新馆、大足石刻艺术博物馆、重庆自然博物馆新馆、重庆文化艺术职业学院一期工程12个市级大型文化设施。2016年大型文化设施总建筑面积46.71万平方米，是2005年的11倍(如图1)。截至2016年底，重庆市建有文化馆41个、公共图书馆43个、博物馆87个(含非国有)、乡镇(街道)综合文化站1013个、村文化室8318个、社区文化室1960个。重庆市每万人拥有"三馆一站"[即区县(自治县)文化馆、图书馆、博物馆和乡镇(街道)文化站]面积586.42平方米，超过全国平均水平。

2005—2016年重庆市每万人拥有公共图书馆建筑面积情况如图2，2005—2016年重庆市每万人拥有群众文化设施建筑面积情况如图3，2011—2016年重庆市每万人拥有博物馆面积情况见表2。

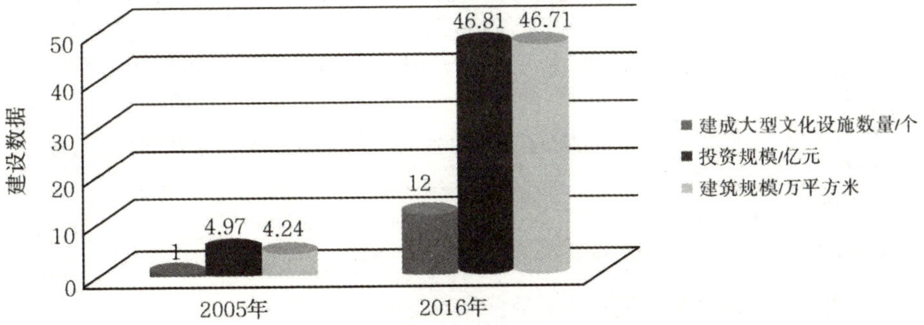

图1 2005年和2016年重庆市大型文化设施建设情况

资料来源：重庆市文化和旅游发展委员会

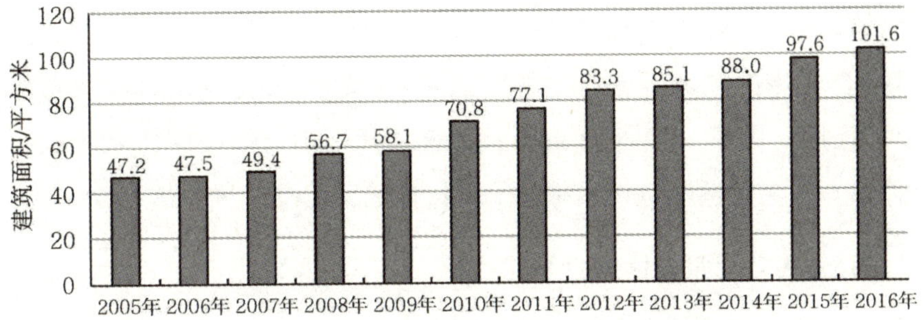

图2 2005—2016年重庆市每万人拥有公共图书馆建筑面积

资料来源：重庆市文化和旅游发展委员会、重庆年鉴

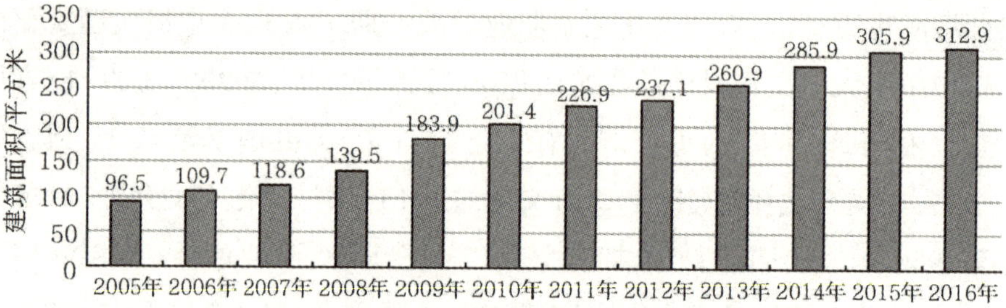

图3 2005—2016年重庆市每万人拥有群众文化设施建筑面积

资料来源:重庆市文化和旅游发展委员会、重庆年鉴

表2 2011—2016年重庆市每万人拥有博物馆面积

项目	2011年	2012年	2013年	2014年	2015年	2016年
建筑面积总量/平方米	343 377	362 756	390 999	424 759	469 379	521 023
当年重庆市人口数量/万人	3329.81	3343.44	3358.42	3375.20	3371.84	3392.11
万人平均面积/平方米	103.122	108.498	116.423	125.847	139.206	153.598

资料来源:重庆市文化和旅游发展委员会、重庆年鉴

截止到2014年年底,重庆共有公共文化馆41个、图书馆43个、乡镇(街道)综合文化站997个、村文化室(农家书屋)8349个、影剧院108个、博物馆(纪念馆)76个。公共图书馆国家等级率达86%,位居全国10位,西部2位;乡镇综合文化站国家等级率达50%,位居西部第1;文化馆国家等级率达87.8%,位居全国第4、西部第1;街道综合文化站国家等级率达82.1%,位居西部第1。村文化活动室设置率达100%;社区文化室设置率达82.7%。

(四)公共文化服务体系日趋完善

始终坚持把公共文化服务体系建设作为文化建设的重中之重,从实施重大工程、保障服务供给、打造服务品牌等方面着手,补齐文化民生短板,努力保障人民群众基本文化权益。"十二五"期间,重庆市建成了以政府为主导、公共财政为支撑、公共文化单位为骨干，社会力量积极参与，覆盖城乡、网络健全、运行有效、惠及全民的公共文化服务体系，并逐步向现代公共文化服务体系转变。一是服务网络有效覆盖逐步扩大。公益性文化设施建成“阵地+流动+数字”服务网络，公共图书馆、文化馆（站）、村（社区）文化室实现市级、区县、乡镇、村四级全覆盖，有效覆盖率从2010年的50%提高到2014年的85%，每万人拥有群众文化设施建筑面积从2010年201.4平方米提高到2014年285.9平方米。公共图书馆国家等级率从2010年57.1%提高到2014年86%；乡镇综合文化站国家等级率2014年达50%（2013年开始评级）；文化馆国家等级率从2010年39%提高到2014年87.8%；街道综合文化站覆盖率从2010年47.6%提高到2014年100%；全市文化馆流动舞台车（含流动舞台）覆盖率100%；公共图书馆图书流动车覆盖率100%。25个高山无线发射台基础设施条件得到进一步提升，覆盖全市897个乡镇、8967个行政村的农村综合应急广播体系基本形成。博物馆建设通过国有、行业、民办三种方式，总数从2010年61个增加到2014年的78个。形成了以重庆中国三峡博物馆、重庆红岩联线、大足石刻艺术博物馆、重庆自然博物馆为引领，国有博物馆为骨干，非国有博物馆为重要组成部分的博物馆公益服务体系。全市行政村农家书屋共建成9699个，按照每个村建设3个外借点的模式，共建农家书屋外借点29 047个。每个区县（自治县）已建有至少一个乡镇（街道）惠民电影固定放映厅，免费为农村或社区居民提供数字电影放映服务。二是服务产品供给不断丰富。品牌文化活动影响力逐步提升，在广泛开展广场文化、社区文化、校园文化、企业文化等各类社会文化的基础上，不断培育打造了美术书法摄影联展、乡村文艺会演、美丽乡村原创歌曲大赛、戏剧曲艺大赛、社区文化节等市级群众文化品牌活动。在第十届中国艺术节“群星奖”评选中，重庆市荣获“群星奖”18个，获奖数量位列全国第5、西部第1。博物馆免费展览每年推出100余个，非物质文化遗产保护与公共文化服务不断融合发展；送文化活动逐步展开，开展渝州大舞台城乡文化互动工程，每年演出约800场次，“三下乡”中的送文化下乡活动每年送到区县演出达100余场次。农村电影数字化率，行政村电影数字流动放映点覆盖率，行政村、社区公益电影放映覆盖率均达到100%，惠民电影达到年度总播放12万场次。三是服务效能进一步提升。各区县文化馆、图书馆、乡镇（街道）综合文化站均实现免费开放。全市人均拥有公共图书馆藏书由2010年0.33册提高到2016年0.45册左右（如图4）。重庆市80家博物馆中免费开放的有68个，占比85%，2014年度参观人数达1911万人次，其中免费参观1700万人次，开展教育活动715次，送展览到乡镇学校977场次，接待观众213万人次，文化惠民效益彰显。2016年，文化馆、图书馆、博物馆和乡镇（街道）综合文化站免费开放公共面积126.1万平方米，比2010年增加47.7万平方米，2016年接待公众达2715.7万人次，是2010年的4倍左右（见表3）。通过农村电视扶贫、农村综合广播信息系统、直播卫星户户通三大公共服务工程，向27个区县贫困群众免费赠送了电视机11万多台，实现了39个区县广播村村响，解决了广播电视覆盖盲区的160多万户农户看电视难问题。四是服务协同创新发展。全市广泛推行图书馆总分馆制、馆际联盟等，公共文化服务的体制机制得到进一步创新和提升。通过开展公共文化服务物联网，图书"一卡通"，市、区县、乡镇层级带动，社会文化资源共建共享，农民文化中心户标准化建设，社区图书馆的标准化建设，广播电视台的标准化建设等，公共文化服务的内容和方式得到进一步创新。文化事业费从2000年的9151万元增至2016年的20.48亿元，文化事业费占财政支出比重在全国排位从2000年的第23位提升至2016年的第13位；人均文化事业费从2000年的2.96元增至2016年的67.20元，全国排位从第24位上升至第11位，市民读书看报、看电影、看电视、看展览、听广播、搞活动等文化权益得到保障。

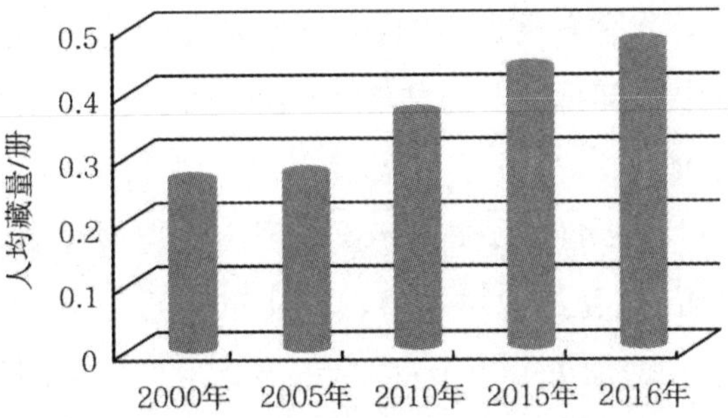

图4 2000—2016年重庆市人均拥有公共图书馆藏量(每5年统计量)

资料来源:重庆市文化和旅游发展委员会、重庆年鉴

表3 2010—2016年重庆市“三馆一站”免费开放情况

年份	2010年	2011年	2012年	2013年	2014年	2015年	2016年
免费开放面积/万平方米	78.4	88.6	94.3	102.8	111.8	137.0	126.1
到馆(站)人次/万人次	671.7	1701.8	1862.9	1898.5	2090.0	2464.5	2715.7
免费开放活动场次/场次	17311	18318	18247	16770	18165	29725	32536
从业人员数量/人	4580	4720	5342	5515	5610	5895	6287

资料来源:重庆市文化和旅游发展委员会

(五)文化产业持续健康发展

自重庆直辖以来特别是党的十八大以来,市委、市政府将文化产业作为战略性新兴产业来培育,加大政策扶持力度,优化文化产业环境,有效推进了文化领域供给侧结构性改革。重庆市文化产业结构不断优化,产业加快集聚。建成各类国家级文化产业示范基地9个,市级文化产业示范园区(基地)76个。2017年猪八戒网成为“全国文化企业30强”提名企业。重庆获批全国首批扩大文化消费试点城市,2016年成功举办首届“重庆文化惠民消费季”,拉动文化消费13.8亿元。2018年文化企业新三板挂牌上市16家,重数

传媒创业板IPO(首次公开幕股)申报获证监会受理,重庆有线、新华传媒上市方案已经获得中宣部批复。整体竞争力明显提高,文化产业对国民经济增长的贡献逐年增大。2016年重庆市文化产业实现增加值618亿元,比2007年的114亿元增长442%,文化产业呈现出快速增长的态势。从对国民经济增长的贡献看,文化产业增加值占GDP的比重由2007年的2.44%提高到2016年的3.52%,增加了1.08个百分点,占比呈逐年提高的态势。重庆市注册文化市场主体由2012年末的52 452户增至2016年末的88 653户(如图5),注册资本从889.46亿元增至2788.44亿元(重庆市从2012年开始统计文化市场主体数量及注册资本)(如图6)。从文化消费情况看,随着新型城镇化的推进尤其是城乡一体化进程的加快,重庆市城乡居民收入和消费支出不断提高,2015年城镇居民人均文化娱乐消费支出1002元,比2011年增长24.3%,占城镇居民人均消费支出的5.07%;农村居民人均文化娱乐消费支出184元,比2011年增长70.4%,占农村居民人均消费支出的2.06%(如图7)。

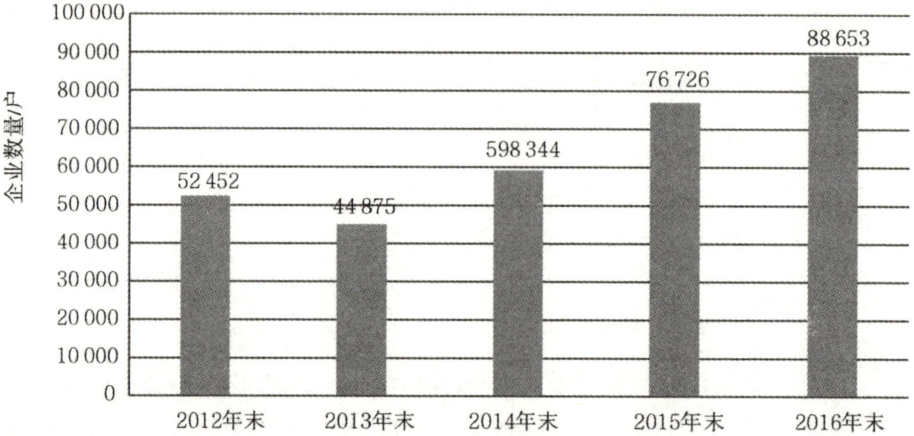

图5　2012—2016年重庆市文化企业数量

资料来源:重庆市文化和旅游发展委员会

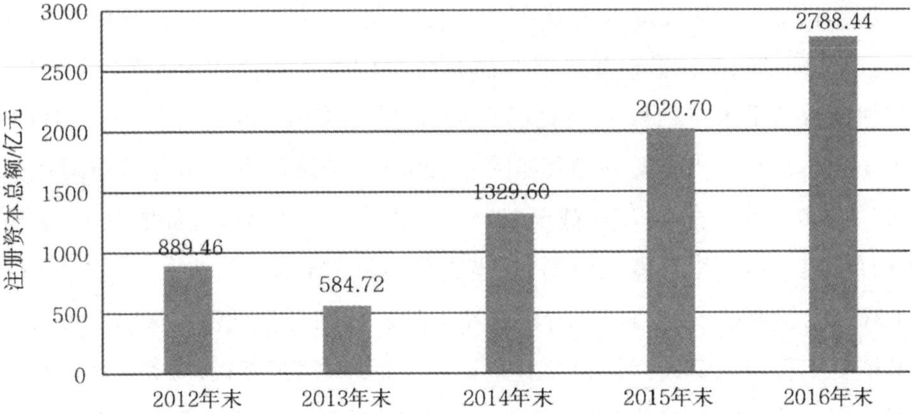

图6　2012—2016年重庆市文化市场主体注册资本总额

资料来源:重庆市文化和旅游发展委员会

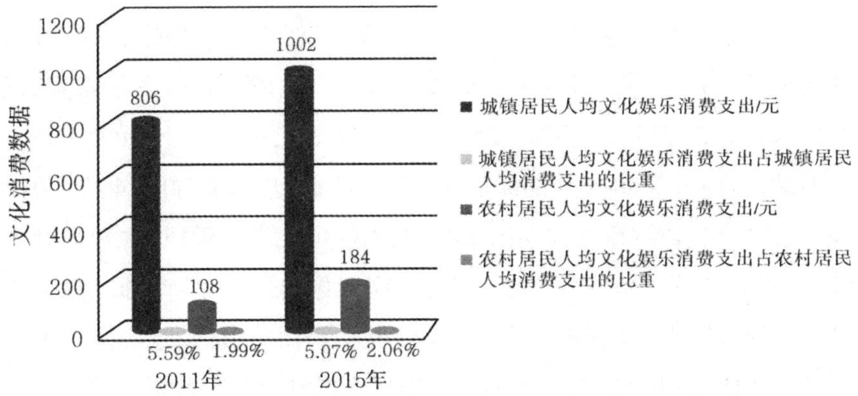

图7　2011和2015年重庆市城乡居民文化消费情况

资料来源:重庆市文化和旅游发展委员会

(六)文艺创作生产呈现活跃态势

自重庆直辖以来特别是党的十八大以来,文化系统深入贯彻习近平总书记关于文艺工作系列重要讲话精神,全面落实中共中央《关于繁荣发展社会主义文艺的意见》和市委实施意见,坚持以人民为中心的创作导向,把创作优秀作品作为中心环节,深入实施舞台艺术、影视剧、出版、美术等系列精品创作计划，重点扶持重大革命和历史题材、当代题材、现实题材剧目创作。1996—2016年重庆市文艺作品获得全国性重点奖项185项（见表4）。新创舞台艺术重点剧目37台，获得全国性重点奖项77项（见表5）。2011—2016年重庆市生产电影60部（如图8），2005—2016年重庆市发行动画片60部（如图9），重庆直辖以来（截至2016年）发行电视剧148部（如图10）。歌剧《钓鱼城》、话剧《幸存者》、电影《过雪山草地》等21部作品获中宣部"五个一工程"奖，话剧《三峡人家》、杂技剧《花木兰》、歌剧《钓鱼城》入选国家舞台艺术精品工程重点资助剧目，京剧《金锁记》、话剧《河街茶馆》等6台剧目获中国戏剧节奖，舞剧《杜甫》获中国舞蹈"荷花奖"舞剧奖，《周恩来在重庆》《解放大西南》等8部电视剧获"飞天奖"，《突出重围》《聂荣臻》等7部电视剧获"金鹰奖"，电影《将离草》获第三届温哥华华语电影节最佳摄影奖和最佳美术奖，电影《血战湘江》获上海国际电影节特别荣誉奖，电视剧《海棠依旧》获上海电视节"白玉兰奖"组委会特别奖，纪录片《大后方》入选"星光奖"，《最后的棒棒》获得首届金树国际纪录片节最佳短纪录片奖，谐剧《一分不能少》、小品《占座》2部群文作品荣获第十一届中国艺术节"群星奖"；2012至2017年，重庆出版社、重庆大学出版社、西南师范大学出版社3家出版社累计出版图书31 957种，总印数7.62亿册；重庆音像出版社、西南师范大学电子音像出版社、重庆电子音像出版社、天健电子音像出版社、重庆大学电子音像出版社、电脑报电子音像出版社6家音像出版社累计出版电子音像出版物2223种，总发行4476余万片（盘）。2010—2016年《忠诚与背叛》《中华大典·天文典》等45种图书电子音像出版物获得中华优秀出版物奖等国家级奖项（见表6），45个重点出版项目获国家出版基金资助9000余万元。

表4 重庆市文艺作品获得全国性重点奖项情况统计(1996—2016年)

类别	全国性重点奖项/项
舞台艺术	77
电视剧	26
电 影	12
报 刊	25
出 版	45

资料来源:重庆市文化和旅游发展委员会

表5 重庆市新创舞台艺术重点剧目及获奖情况统计(1996—2016年)

项目	1996—2000年	2001—2005年	2006—2010年	2011—2015年	2016年	合计
剧目/台	2	5	7	16	7	37
全国性获奖次数/次	9	12	21	31	4	77

资料来源:重庆市文化和旅游发展委员会

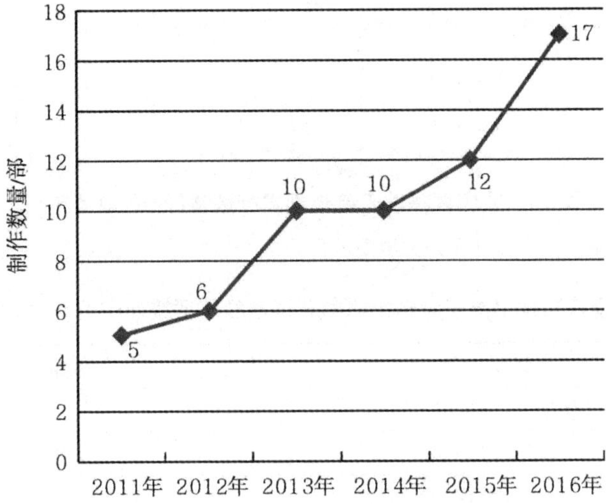

图8 2011—2016年重庆市电影拍摄制作数量

资料来源:重庆市文化和旅游发展委员会

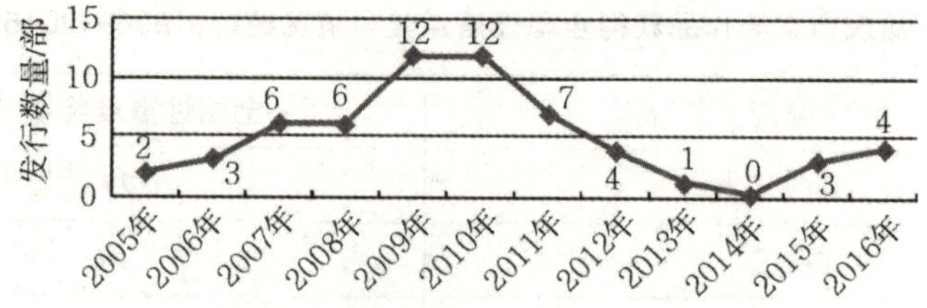

图9　2005—2016年重庆市动画片发行数量

资料来源:重庆市文化和旅游发展委员会

注:2005年之前国家广电总局未实行国产电视动画片发行许可制度

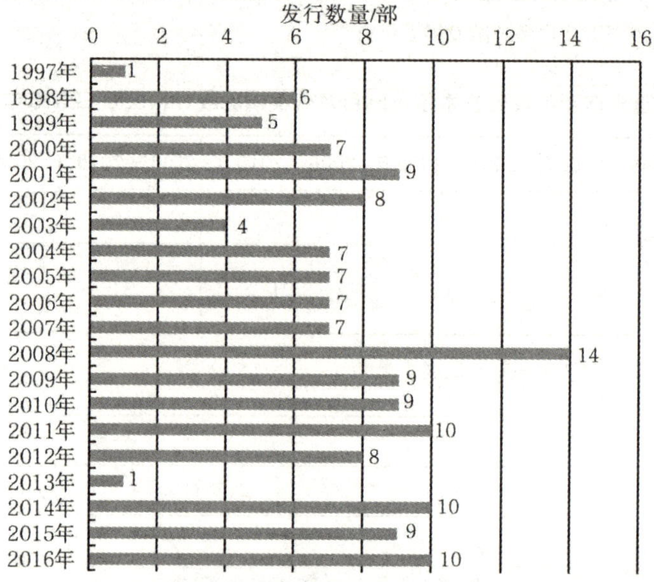

图10　重庆直辖以来电视剧发行数量(截至2016年)

资料来源:重庆市文化和旅游发展委员会

表6　重庆市图书电子音像出版物获国家级奖项统计(2010—2016年)

奖项	数量/项
“五个一工程”奖	4
中国出版政府奖	13
中华优秀出版物奖	28
合　计	45

资料来源:重庆市文化和旅游发展委员会

（七）文化遗产保护利用全面加强

重庆于1986年成为国家第二批历史文化名城，文化底蕴深厚，文物资源丰富。重庆直辖以来特别自党的十八大以来，文化文物系统深入学习领会习近平总书记关于文物工作的重要指示精神，认真贯彻“保护为主、抢救第一、合理利用、加强管理”的方针，坚持在保护中发展、在发展中保护，努力探索走出符合重庆市情的文物保护利用之路。重庆市第三次全国文物普查数据显示，重庆市共有不可移动文物25 908处，居西部第3位、全国第11位。重庆市有世界文化遗产1个（大足石刻），列入中国世界文化遗产预备名单2个（涪陵白鹤梁题刻和合川钓鱼城遗址）；全国重点文物保护单位有55处，是直辖前的6.8倍。第一次全国可移动文物普查时，重庆市165个国有收藏单位共采集登录文物470 234件/套（实际数量1 482 489件/册）。截至2017年3月，全市博物馆总数达到87家，基本形成了历史、抗战、革命、工业、自然“五大博物馆群”。重庆市有中国历史文化名镇18个、中国历史文化街区1个、中国历史文化名村1个、中国传统村落74个。重庆市有文物保护工程资质单位62家，其中甲级、一级资质单位8家。为了加强三峡文物保护，1992—2011年累计投入资金9.28亿元，完成文物保护项目787个，出土文物14.3万件/套，推动白鹤梁题刻、张桓侯庙、石宝寨、白帝城等成为全国重点文物保护单位，三峡文物保护工作全面完成并顺利通过国家验收；2011年以来，实施三峡后续文化遗产保护项目149个、总投资79 554万元。重庆市395处抗战文物保存状况显著改善，其中市级文物保护单位以上抗战遗址194个。川渝石窟寺及石刻保护列入国家文物局“十三五”规划重点专项，大足石刻千手观音造像抢救性保护工程全面起动，并获评“第三届十大全国优秀文物维修工程”。潼南大佛本体保护修复工程、渝中区老鼓楼衙署遗址分别获得全国十佳文物维修工程、十大考古新发现，钓鱼城遗址列为国家考古遗址公园。重庆自然博物馆、重庆中国三峡博物馆同时获第十四届全国博物馆十大陈列展览精品奖，全国首个国家文物保护装备产业基地落户重庆。2016年末，重庆非物质文化遗产国家级、市级、区县级名录分别达到44项、511项、

2052项,成功创建国家级文化生态保护实验区1个、国家级生产性保护示范基地1个,建立市级非物质文化遗产传承教育基地55个、市级生产性保护示范基地35个(2006—2016年重庆市文物业主要数据见表7,2006—2016年重庆市文物机构数量、参观人次情况如图11),2016年国家级、市级非物质文化遗产项目代表性传承人40人、563人(如图12),3名国家级非遗项目代表性传承人获评"中华非物质文化遗产传承人薪传奖",重庆市非物质文化遗产产值达到350亿元。

表7　2006—2016年重庆市文物业基本情况

时间	指标			
	机构数/个	从业人员/千人	文物事业费/亿元	参观人次/千人
2006年	60	1295	0.3915	4390
2007年	68	1512	0.7047	8091
2008年	74	1455	1.4813	8490
2009年	98	1785	1.8543	12 163
2010年	89	1895	2.1542	16 203
2011年	92	1995	3.6835	17 623
2012年	89	2143	5.0137	16 635
2013年	101	2307	5.5823	19 659
2014年	109	2688	5.3655	22 145
2015年	113	2632	5.6264	24 083
2016年	117	2681	6.6773	26 022

资料来源:重庆市文化和旅游发展委员会

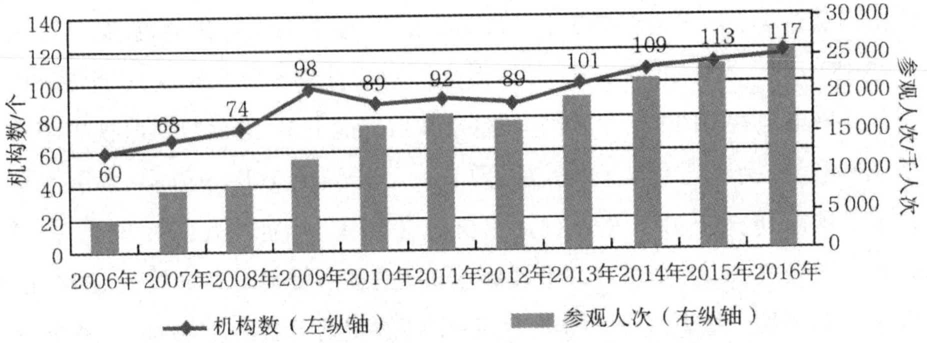

图11　2006—2016年重庆市文物机构数量、参观人次

资料来源：重庆市文化和旅游发展委员会

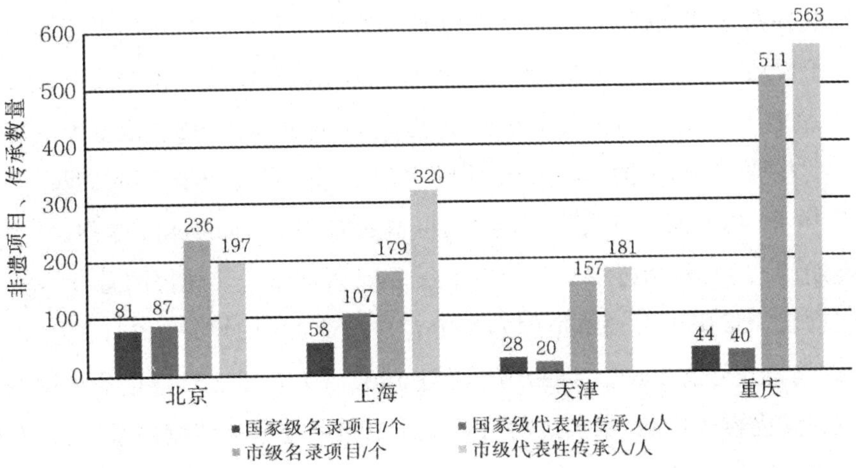

图12　2016年北京、上海、天津、重庆4个直辖市非遗项目、传承人数量

资料来源：重庆市文化和旅游发展委员会

（八）文化传播能力得到有力提升

重庆直辖以来，重庆已建成从城市到农村，有线、无线、卫星、互联网综合覆盖的多终端、多功能、多服务的广播电视传输覆盖体系。2013年，重庆市创造性地制定颁布全国首个区县广播电视台建设标准，引导基层主流舆论阵地建设。2016年，广播、电视综合人口覆盖率分别达到98.86%和99.19%，比1996年提高12.56个百分点和20.29个百分点；重庆市有线电视在线用户数达415万户，比1997年增加345万户，增长493%，其中，数字电视用户数357万户，数字化率达86%，高出全国数字化率3个百分点；广电宽带、交互式网络电视(IPTV)、互联网电视(OTT)、直播卫星、地面数字电视等用户从无到有，分别达到170万户、170万户、30万户、164万户、9万户，发展水平处于全国前列；重庆市广播电视播出机构有36家，开通广播频率29套，许可开办电视频道18套，同意开办电视频道64套；各区县财政累计投入15亿元，完成所有区县广播电视台标准化建设；中短波发射台有5座，调频、电视转播台有62座，有线传输干线总长达15.16万千米；重庆电视台卫视频道、新闻频道、影视频道、都市频道、时尚频道实现高清播出。重庆网络电视台获得国家批准并在全球上线运行，互联网电视内容牌照和移动互联网视听节目服务牌照成功获批。至2016年底，全国共有20条电影院线在重庆市开设放映终端，重庆市共有城市影院179家、银幕数1246块(如图13)，银幕覆盖率达2.57万人/张，高出全国3.40万人/张的平均水平。截至2016年底，我市共有报纸46种，其中面向社会发行的27种，高校校报19种；期刊135种，其中社科类期刊57种，科学技术类期刊78种。推动媒体单位实施报网融合等23个发展项目。重庆市报刊单位创办APP客户端达33种，用户达341.5万人，微博、微信公众号有206个，订阅用户数达1962万人。重庆日报报业集团基本建成新闻内容生产的"中央厨房"，重庆广电集团建成高清制播系统，正在建设全媒体制播系统。2012年至2016年，重庆文化代表团出访全球60多个国家和地区，组织实施近400个文化交流项目，重庆杂技团在美国建立演出基地，重庆演艺集团在西班牙设立全资子公司，推出川剧、京剧、民乐、歌舞、杂技、曲艺、芭蕾、非遗等文化品牌，重庆动漫出口东欧、东南亚、西亚等地区，这些措施加快推动了重庆对外文化贸易发展。

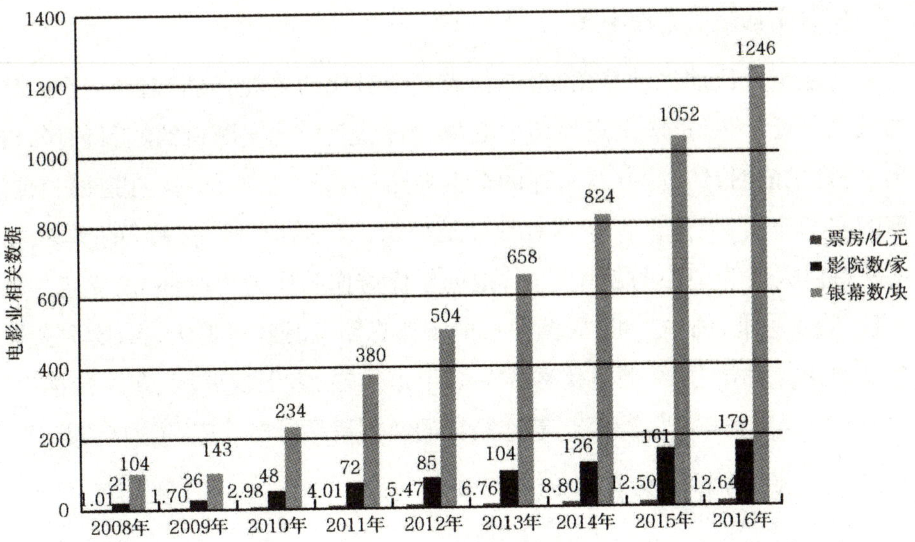

图13 2008—2016年重庆市电影业情况

资料来源:重庆市文化和旅游发展委员会

二、存在的主要问题

(一)文化创新能力不强

创新是引领发展的第一动力,位列五大发展理念之首。文化引领时代风尚,是最需要创新的领域。重庆市拥有厚重的巴渝文化、三峡文化、抗战文化、移民文化、民族文化等历史文化资源,但是对特色文化资源内涵的挖掘不深,浅层次开发、粗放式利用较多,文化产品和终端服务的供需矛盾比较突出,创造性转化、创新性发展有待加强,需要以供给侧结构性改革为突破口,主动适应"互联网+""文化+"的发展趋势,将创新精神贯穿到文化工作的全过程,在全面深化改革的大局中找到文化创新应有的责任担当,进一步加强改革红利的释放,有的放矢地从供给端发力,推动资源优势转化为产品优势、产品优势转化为产业优势、产业优势转化为经济优势,让文化创新活力在本土与世界、传统与现代、历史与现实的交流碰撞中迸发活力。

(二)文艺精品力作不多

文艺是时代前进的号角,最能代表一个时代的风貌,最能引领一个时代的风气。近年来,重庆重点抓历史题材、当代题材、现实题材的剧目创作,推出了《海棠依旧》《大后方》《从你的全世界路过》等一批有筋骨、有道德、有温度的文艺作品,但是也存在着有数量缺质量、有"高原"缺"高峰"的现象,需要坚持以人民为中心的创作导向,把创作优秀作品作为中心环节,立足规划一批、储备一批、创作一批、展演一批的工作思路,加强"写重庆,重庆写"文艺精品的扶持引导力度,促进优秀作品多渠道传输、多平台展示、多终端推送,倾力推出思想精深、艺术精湛、制作精良的文艺精品走出重庆、走向全国。

(三)公共文化服务方式不新

由于重庆市仍然处于"欠发达地区,欠发达阶段"的"双欠阶段",公共文化服务依然以传统文化服务手段和模式为主,通达度不高,社会参与不够,资源整合不佳,城乡之间、区域之间发展不均衡,秦巴山区和武陵山区乡镇(街道)综合文化服务中心达标率仅50%左右,使用效率、服务效能还有待提高,与人民群众日益多元化的文化需求矛盾比较突出[2016年重庆市各乡镇(街道)综合文化站等级情况见表8]。加快构建现代公共文化服务体系,迫切需要在模式和手段上进行必要的创新和发展,进一步发挥市场配置资源的积极作用,创新供给方式,丰富供给内容,提高供给质量,降低供给成本,推进公共文化服务主体多元化、公共文化基础设施运营社会化、公共文化服务群众参与制度化,形成网络化、立体型、全覆盖的新型文化治理结构,大力提升公共文化服务效能。

表8 2016年重庆市各乡镇(街道)综合文化站等级情况表

文化站	总数/个	上等级数量/个	等级率/%	一级站/个	二级站/个	三级站/个
乡镇综合文化站	824	438	53	128	133	177
街道综合文化站	186	115	62	44	29	42

资料来源:重庆市文化和旅游发展委员会、重庆年鉴

（四）文化产业支撑不力

文化产业与旅游、工业、农业、服务业等相关产业融合度不高，发展现状与支柱地位有较大差距，重庆市文化企业90%以上为小微文化企业，市场竞争力不强，资源整合能力偏弱，与支柱性产业目标还有较大差距。重庆市产值1亿元以上的文化企业不足100家，国有文化企业至今没有一家收入突破100亿元，规模以上文化企业不足1000家，无一家企业入选“全国文化企业30强”。截至2016年，全国新三板挂牌文化企业约700家，A股上市文化企业达215家，而重庆仅有15家文化企业新三板挂牌，无一家文化企业A股上市。重庆需要加快发展步伐，实现弯道超车，努力向文化产业增加值达到1000亿元、占GDP总额5%的目标冲刺。2007—2016年重庆市和全国文化产业增加值情况见表9，2015年部分省市文化产业增加值如图14。

表9 2007—2016年重庆市和全国文化产业增加值

年份	重庆市			全国		
	文化产业增加值/亿元	占GDP比重	同比增长	文化产业增加值/亿元	占GDP比重	同比增长
2007	114	2.44%	—	6412	2.37%	—
2008	146	2.52%	28.07%	7600	2.38%	18.53%
2009	188	2.88%	28.77%	8594	2.47%	13.08%
2010	239	3.02%	27.13%	11 052	2.68%	28.60%
2011	290	2.90%	21.34%	15 516	3.18%	40.39%
2012	366	3.21%	26.21%	18 071	3.36%	16.47%
2013	425	3.32%	16.12%	21 351	3.60%	18.15%
2014	474	3.32%	11.53%	24 017	3.75%	12.49%
2015	536	3.40%	13.08%	27 235	3.97%	13.40%
2016	618	3.52%	15.30%	30 254	4.08%	11.09%

资料来源：重庆市文化和旅游发展委员会，中国文化文物统计年鉴、中国文化及相关产业统计年鉴，“—”代表无相关值

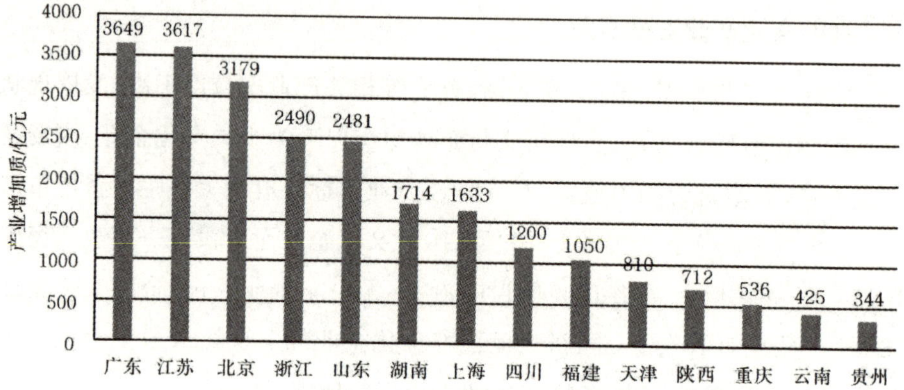

图14　2015年部分省市文化产业增加值

资料来源：重庆市文化和旅游发展委员会、中国文化文物统计年鉴、中国文化及相关产业统计年鉴

（五）优秀传统文化传承保护不足

建设优秀传统文化传承体系是"五位一体"总布局中文化建设的重要内容。重庆市文化遗产保护的形势越来越严峻，自1989年第二次全国文物普查结束至2015年，重庆市文物、建筑、遗址等消失共计约4000处，其中因经济建设消失2445处，占61.1%；因自然损毁和自然灾害消失658处，占16.5%；因人为拆改新建等消失383处，占9.6%。要坚持规划引领、保护优先、适度开发，用好历史文化资源，从加强文物保护、推进非物质文化遗产保护、加强古籍保护利用三个层面着手，抓好资源调查、划定控制地带、设置保护标志及做好抢救性发掘、修复、研究工作，加快构建"优秀传统文化传承体系"。

（六）媒体融合发展不快

推动媒体融合发展是党的十八届三中全会做出的重大战略部署，是宣传思想文化领域深化改革的重要任务，也是传统媒体适应媒体格局和舆论生态深刻变革的必由之路。重庆市广播、电视、报纸等传统媒体的融合发展在认识、观念、体制和营运等诸多方面还存在问题。要以国家"媒体融合"发展战略为引领，以中央和市委、市政府媒体融合实施意见为指导，搭乘"互联网"快车,加快从"简单相加"的发展模式转至"深度相融"的发展模式,建好、用好、营运好"中央厨房"这个龙头,用好国家和市委、市政府给予的扶持政策,大力推动发展模式、传播模式、运营模式、服务模式全面转型,努力打造平台融合、业务融合、内容融合、渠道融合、管理融合的新型主流媒体。

三、存在问题的原因分析

(一)对文化民生建设认识不到位导致现代公共文化服务体系发展不充分

如前所述,党中央、国务院和市委、市政府极为重视文化建设,强力推进公共文化服务体系建设;但是,作为公共文化服务体系主要覆盖区域的区县,对公共文化服务体系建设表现出的积极性、主动性普遍还不高。有的基层领导同志仍存在着重经济工作轻文化建设的观念,导致有的区县公共文化设施建设、农村电影放映配套资金不到位,重大工程建设进展缓慢。有的认为公共文化服务体系建设就是组织唱歌、跳舞、搞活动,没有把它放到贯彻落实科学发展观,构建社会主义和谐社会,保障群众基本文化权益的高度,对公共文化服务体系建设缺少长远的规划。

(二)区域发展水平参差不齐导致对公共文化服务的投入差异大

受特殊的地理环境和资源禀赋的影响,重庆市区域发展很不平衡。2014年重庆市各区县地区生产总值与人均地区生产总值情况见表10,2014年重庆市各区县一般公共预算收入情况见表11。

表10　2014年重庆市各区县地区生产总值与人均地区生产总值比较

区县	地区生产总值/万元	人均地区生产总值/元	区县	地区生产总值/万元	人均地区生产总值/元
黔江区	1 863 052	40 960	涪陵区	7 574 764	67 215
渝中区	8 687 242	133 588	大渡口区	1 489 743	45 226
江北区	6 044 623	72 443	沙坪坝区	8 092 134	73 063

续表

区县	地区生产总值/万元	人均地区生产总值/元	区县	地区生产总值/万元	人均地区生产总值/元
九龙坡区	9 108 240	78 199	南岸区	6 081 368	72 848
北碚区	4 154 060	54 238	渝北区	11 153 849	75 143
巴南区	5 100 846	52 798	长寿区	4 204 068	52 163
江津区	5 546 593	43 389	合川区	4 404 575	33 020
永川区	5 125 385	47 629	南川区	1 731 935	31 212
綦江区	3 579 850	32 777	大足区	3 298 433	44 138
璧山区	3 343 756	47 352	铜梁区	2 810 530	43 242
潼南区	2 341 631	35 840	荣昌区	3 004 235	44 112
梁平区	2 178 288	32 685	城口县	460 039	24 283
丰都县	1 353 717	21 972	垫江县	2 240 941	32 784
武隆区	1 199 849	34 404	忠县	2 082 603	28 668
开州区	3 001 665	25 771	云阳县	1 701 867	18 908
奉节县	1 814 112	23 274	巫山县	8 126 86	17 369
石柱县	1 199 517	30 321	秀山县	1 265 021	25 751
酉阳县	1 104 184	19 609	彭水县	1 087 992	20 903
万州区	772 188	48 201	巫溪县	667 201	16 889

资料来源：2015年重庆市统计年鉴

表11 2014年重庆市各区县一般公共预算收入比较表

区县	区县级一般公共预算收入/万元	区县	区县级一般公共预算收入/万元
万州区	540 554	黔江区	200 871
涪陵区	500 744	渝中区	483 058
大渡口区	157 232	江北区	734 018
沙坪坝区	600 815	九龙坡区	581 242
南岸区	803 756	北碚区	246 524
渝北区	500 098	巴南区	289 421
长寿区	313 126	江津区	474 255
合川区	332 359	永川区	388 726
南川区	183 683	綦江区	340 041
大足区	313 839	璧山区	422 747
铜梁区	207 829	潼南区	169 035
荣昌区	221 366	梁平区	150 706
城口县	26 332	丰都县	128 096
垫江县	121 001	武隆区	116 077
忠县	121 038	开州区	187 381
云阳县	104 140	奉节县	125 267
巫山县	80 008	石柱县	111 033
秀山县	141 527	酉阳县	105 540
彭水县	102 702	巫溪县	60 436

资料来源:2015年重庆市统计年鉴

2014年人均地区生产总值，渝中区是巫山县的7.69倍，在2014年重庆市区县级一般财政收入比较中，南岸区的财政收入是城口县的30倍左右。实践表明一个地区政府财政能力的强弱、收入规模大小与本地区文化发展水平是呈正相关关系的，即一个地区经济发展水平越高，地方财政收入越高，提供公共文化服务的范围就越广，水平就越高。

以国家级贫困县石柱县为例，县委、县政府对公共文化建设虽然十分重视，但由于财政拮据，根本无法完全按照国家和市、县文化发展要求来解决公共文化建设中的投入问题。《石柱县“十二五”文化发展规划》在新城区规划了占地26亩（1亩约等于667平方米）、建筑面积2.5万平方米的土地，用于集县文化馆、县图书馆、县电视台、县博物馆、县青少年活动中心等于一体的县民族文化中心建设。但由于整体建设计划需投入资金2亿元，在“十二五”规划期内未能完成。

（三）公共文化服务队伍不强制约了公共文化产品和服务的质量

随着人民的生活水平不断提高，人民群众对公共文化产品和服务也出现了多层次、多方面、多样化的需求，对公共文化服务质量也有了较高要求。然而，一些基层文化单位，尤其是偏远地区的基层文化单位缺少稳定的专业的文化工作队伍，工作人员年龄偏大，观念不能与时俱进，知识结构相对陈旧，能力和素质无法适应新时期基层文化工作的需要。截至2016年底，重庆市接近一半的公共图书馆，工作人员少于15人，绝大多数乡镇文化站达不到编制配备不小于1—2名的要求，多数乡镇文化站缺少专业文艺人才，人员队伍大多是50岁以上的老同志和刚毕业的大学生，而且经常被挪用，“不在岗”的情况普遍，不专干、不专业的情况比较突出。村（社区）文化活动室多由村干部等兼职管理，他们缺乏主动开展工作的积极性。由于文化事业单位编制不足、财政紧缺、经费得不到保障等因素，文化服务工作者工资待遇不高，公共文化服务岗位很难吸引人才，导致公共文化服务人才队伍配置不足，公共文化产品生产力和文化服务能力缺乏，无法满足人民群众对公共文化产品和公共文化服务的需求。

(四)评估体系不完善使基层公共文化建设评判流于形式

重庆市的政绩评估体系还不够合理和完善。第一,在评估标准上,对基本公共文化服务的评估缺乏硬性指标,例如对建成后的文化阵地的运行情况考核不到位,基层干部对文化阵地重建设、轻管理,“只管生、不管养”的现象极为严重;第二,在评估主体上相对比较单一,忽视公民和第三方参与评估的重要性。现实中,政府并未针对绩效评判建立相应的责任追究机制,使得绩效评判结果往往流于形式,绩效评估的作用没有得到充分发挥。

第三节 基本特征

通过以上对重庆文化民生建设历程的回顾，可以看出，重庆文化民生建设呈现出鲜明的时代特征。

一、以制度建设为根本，保障人民群众的文化权益

人民群众文化权益保障是文化民生建设政策的核心。根据经济社会的发展水平和人民群众的文化需求制定出科学、合理、有效的文化民生建设政策是对服务型政府的必然要求。而要切实保障人民群众的文化权益、满足其文化需求，必须构建文化民生建设的政策体系和实践规范，从整体上提升文化民生建设的效果。要提升文化民生建设政策的效果，首先必须明确政策主体的各方责任。要真正落实人民群众的文化权益，更需要通过提升文化民生建设政策执行力来实现。由于文化民生建设是基于公共文化权利而必须供给的一种服务，因而各级政府尤其是地方政府作为政策执行主体以及文化民生建设供给主体，必须依据其法定职权来履行文化民生建设政策规定的职责。重庆文化民生建设体系建设主体主要包括主导主体、执行主体和参与主体，其中主导主体指各级党委、政府及相应的文化行政部门，执行主体为文化民生建设的执行机构、单位与组织，参与主体则包括社会组织、企业及个人。明确了文化民生建设政策和服务主体的职责，不同政策主体和服务主体各司其职、积极发挥各自的功能，有助于推动文化民生体系建设的有序进行。要落实人民群众的文化权益，尤其要重视发挥公共财政的支撑作用。在文化民生建设的财政支出方面，重庆各级政府逐年加大财政资金投入力度，为文化民生建设供给提供了有力保障。2015年1月，中共中央办公厅、国务院办公厅印发的《关于加快构建现代公共文化服务体系的意见》明确指出，要加大财税支持力度，建立健全文化民生建设财政保障机制，

落实提供文化民生建设项目所必需的资金。重庆强化了将文化民生体系建设纳入财政预算的保障力度，文化民生体系建设呈现出积极发展的良好态势。

二、以阵地建设为重点，推进公共文化设施建设

文化民生建设的设施建设是文化民生体系建设的重点。改革开放以后重庆出台了大量与文化民生设施、场所等硬件建设相关的政策文件，从1982年文化部出台的《文化部关于省（自治区、市）图书馆工作条例》到2013年出台的《文化部关于印发〈全国文化信息资源共享工程“十二五”规划纲要〉的通知》，30多年间中央共出台文化民生基础设施建设相关政策约20项，政策涵盖文化民生建设硬件设施规划纲要、建设标准、配置要求、管理办法、服务规范等多个方面，政策内容包括了文化民生硬件设施的建设要求、组织机构、专业人员构成和经费安排等。对中央政策的重视和有效执行推动重庆文化民生硬件设施建设取得了显著的成效。文化机构种类与数量的增加，使得民众多方面需求得以满足，保证了文化服务的多样化，尤其是基层文化民生建设的供给得到基本保障。重庆文化馆（站）主要划分为省级、地市级文化馆，县市级文化馆，以及乡镇（街道）文化站三类，改革开放至今，省级、地市级文化馆及县市级文化馆的数量始终处于较为平稳的状态，然而乡镇（街道）文化站在1992年数量开始明显增多，到1996年，其数量呈爆炸式增长。乡镇（街道）文化站是文化民生建设的供给者之一，是满足民众最基本公共文化需求的主要途径，乡镇（街道）文化站的数量激增充分体现了基层文化民生建设能力的快速提升。重庆公共图书馆机构总数稳定，但是伴随着不同时期文化民生建设政策的出台，公共图书馆提供的服务内容及数量也有所变化。在公共图书馆总藏量、总流通人次、书刊文献外借人次及公共图书馆举办活动次数稳定增长的同时，从2010年开始，公共图书馆拥有的计算机数量和电子阅览室终端数也被纳入统计范围，并且二者的数量在2010年至2013年一直增长较快，这说明通过信息技术实现文化共享成为文

化民生建设政策的重要手段之一。重庆公共图书馆计算机数量和电子阅览室终端数的增长说明了文化民生建设的电子化、信息化程度越来越高，反映了重庆文化信息资源共享工程成效明显。2006年以来，全国广播电视覆盖率的变化显示，重庆广播节目综合人口覆盖率、农村广播节目综合人口覆盖率、电视节目综合人口覆盖率始终保持增长态势，农村电视节目综合人口覆盖率在2008年和2009年呈现小幅短暂下降，随后上升状态，四者数值均超过了95%，接近重庆广播电视村村通99%的覆盖率目标，说明广播电视"村村通"作为重庆较早规划并出台的文化民生建设工程之一取得了较显著的成效。此外，有线广播电视用户数占家庭总户数比重、农村有线广播电视用户数占家庭总户数比重在2006年以后快速增长，这一现象有力地说明了有线广播电视正在快速普及。

重庆文化民生建设政策非常重视文化民生硬件设施的建设，并且成效显著，相关政策的实施有效增加了重庆基层文化民生建设的供给。

三、以重大项目为抓手，实施文化惠民工程

重大文化惠民工程建设是文化民生建设政策的重要抓手。在重庆文化民生建设政策的出台路径中，规划是重庆文化民生建设政策制定的主导依据。规划不应是纯粹的政策文本，应通过规划机制，使各个层级不同领域的政策主体相互链接成庞大的网络，输出大量的政策文本，引导或干预经济主体的活动，塑造或制约政府的行为。从"十五"计划纲要明确公共文化事业的重要地位起，到"十一五"规划纲要提出"文化民生建设"概念并明确了公共文化建设重点工程，再到"十二五"规划纲要对文化民生体系的建设做出进一步安排部署，重庆文化民生建设政策的侧重点基本在于各时期规划纲要制定的文化民生建设目标，尤其是重视推进重大文化惠民工程建设，包括广播电视村村通、乡镇综合文化站建设、农家书屋工程、文化资源共享工程、农村数字电影放映工程等。依据中央地方互动视角，文化民生建设政策多采用自上而下的规划指导过程和自下而上意见反馈形成合作治理的方式，

落实和推进重大文化惠民工程建设。如在《国家"十二五"时期文化改革发展规划纲要》等相关规划中,重庆根据中央的指导性意见,引进激励机制来引导公共文化资源的合理配置,地方政府则依据中央政府的政策精神开展广泛的政策创新,形成以规划为依托的政策执行系统。同时,涉及公共文化资源分配的相关政策文件,多采取中央政府指令以及与发挥地方政府积极性相结合的原则,以保证重大文化惠民工程建设政策的有效执行。如《文化部办公厅关于印发〈全国文化信息资源共享工程2013年度地方资源建设方案〉的通知》,要求地方政府重点利用地方特色文化专题资源、红色历史多媒体文化资源、少数民族语言资源和"进村入户"专项资源进行公共文化项目建设,并规定相应的项目建设时间周期以及2013年度地方资源建设项目申报、评审、立项、验收等工作的具体步骤。

四、以实现公平正义为关键,追求文化民生建设均等化

文化民生建设均等化、标准化是文化民生建设政策的实现机制。公平性、公益性是文化民生建设政策的价值追求和目标,文化民生建设均等化、标准化为其实现提供了可行路径。一般认为,基本公共服务均等化的内涵包括全体公民享有基本公共服务的机会均等、结果大体相等,同时尊重社会成员的自由选择权。作为公民文化权利实现的制度保障,文化民生建设政策应重视文化民生建设均等化和标准化,确保各级政府公平地为人民群众提供公共文化产品和服务。以1998年文化部出台的《文化部关于进一步加强农村文化建设的意见》为标志,城乡文化民生建设均等化工作开始受到重视。2015年,渝北区文化委全面实施文化体育惠残服务行动计划,扩大了"文体进社区"的覆盖面。由渝北区残疾人联合会和渝北区体育事业发展中心选送的两名残疾人运动员在"全国残疾人特殊运动会"中,先后夺得3块金牌。渝北区全区公共文化服务设施一律对残疾人免费开放,并配备无障碍设施,为残疾人的安全行动提供了有力的保障,并在全区的公共图书馆内配备了盲文读物,设立了盲人有声读物图书室。如渝北区图书馆设有专门的

残障阅览室，内有盲文图书400多册、报纸7种，盲刊1种，配有盲人专用电脑3台、电视1台，低视力放大阅读器2台，助听器4台，轮椅2台和盲人拐杖等物品，供残障人士使用。在“12·3国际残疾人日”活动中，举办了“牵手残疾人，走进图书馆”活动，激发了残疾人读者的学习兴趣和潜能。同时，还开展了残疾人特殊艺术演出活动。渝北区文化馆每周为残疾群众免费开放服务累计超过40小时，全年共计接待残疾人500余人次。举办公益性群众文化活动5次，公益性展览展示活动11次，文艺演出160余场，接待残疾观众2.5万人次。这些活动极大地丰富了残疾人的业余精神文化生活，确保了残疾人平等享有文化成果的权利。从不同人群的文化民生建设均等化、标准化出发，政策强调了老年人以及进城务工人员等群体平等享受文化民生建设成果的要求，推进了文化民生建设向社会弱势群体的延伸。文化民生建设政策的公平性导向开始推动城乡间、区域间和不同群体间文化民生建设供给差距的逐步缩小，体现了文化民生建设公平性和公益性的特点和价值。

五、以标准化建设为途径，提升文化民生建设的科学化水平

标准化是实现文化民生建设均等化、科学化的重要途径。在发展和建设文化民生体系的过程中，重庆政府日益认识到标准化的重要作用，尤其在“十二五”期间，不断出台相关政策、文件来促进文化民生建设标准化的发展。软件建设实现标准化。一是准确定位。依据文化站和文化室的主要职能开展内容建设。其中：依据文化站的图书报刊借阅、公共文化资源配送流动服务、体育健身等功能和为青少年提供文艺演出活动校外活动平台等综合性职能，由各级文化部门配备图书、群文器材、共享工程设施、健身器材等资源；依据村文化室的图书借阅、组织群文活动、培训文艺骨干等职能，由各级文化部门负责群文器材、图书资源等配送，各级体育部门负责健身器材等配置。与此同时，还积极整合组织部的农村党员干部现代远程教育工程，宣传部的梦想课堂，文明办的道德讲堂，妇联的新家庭文化室、妇女之家、家长学校，团委的市民学校、青少年之家、微型青少年宫，科协的科普活动站（室）

和科普画廊等公共文化资源，充实文化站、文化室内容，实现资源共建共享。二是制定标准。2010年，重庆市委宣传部、市财政局、原市文化广电局、原市新闻出版局联合印发《重庆市公共文化服务单位常规管理办法》，对文化站(室)服务项目和数量、服务时间等服务内容进行了明确，同时要求综合文化站每站必须配备3—5个编制，每个村(社区)须配备1名兼职人员。

六、以创新发展为动力，构建文化民生建设新模式

在相同的指导思想、基本原则的指导下，全市各区县从不同的层面、角度开展文化民生建设的多样化实践探索。2015年，南川区在构建现代公共文化服务新模式方面进行了积极的探索，取得了良好效果。一是创新基层现代公共文化服务载体。以"馆站联建"为抓手，推进基层公共文化阵地标准化建设，重点打造水江、南平等示范线路5条。推行联系乡镇(街道)制度，区级文艺骨干深入基层，开展业务培训和辅导200余场次。全年开展送演出、图书下乡流动文化服务60场次。二是健全政府购买公共文化服务机制。出台《关于做好政府向社会力量购买公共文化服务工作的通知》，制定政府购买公共文化服务目录，建立公共文化服务物联网平台，创新打造"公共物联网+文化乡村"，全年配送文化服务47次。三是探索乡镇免费开放资金管理办法。坚持"绩效考核、奖补结合、注重实效"原则，建立"文化阵地标准化、乡镇文化特色化、文化服务民生化"三大考核导向，使财政资金在乡镇综合文化站免费开放，使其在村级文化建设等方面发挥更好的作用，取得更好的社会效益。文化民生建设的区域模式与区域特色，是在国家文化民生体系建设总体格局和基础上，紧密结合本地实际，实施文化创新的产物。

发

展

趋

势

第七章 重庆文化民生建设的发展趋势

建设具有中国特色的文化民生体系的发展方向

践行社会主义核心价值观的价值取向

彰显时代性和创新性的发展内涵和形态

根据《重庆市文化发展“十三五”规划》关于构建现代文化民生体系要“坚持政府主导、共建共享，形成标准统一、重心下移的工作格局，到2020年基本建成统筹城乡、小康惠民文化服务网络，使群众在文化建设中有更多获得感、幸福感”的要求和“到2020年所有区县（自治县）基本公共文化服务达市级实施标准，实现基层文化服务中心全覆盖，辐射形成标准统一、功能综合、便捷通达的城乡惠民文化服务网络，巩固全面建成小康社会的文化基础”的发展目标，重庆建设文化民生体系将呈现出新的发展趋势。

第一节　建设具有中国特色的文化民生体系的发展方向

我国社会主义国家的国家性质，决定了我国的文化民生体系是实现国家在文化领域的有效管理和人民群众基本文化权益的重要保障。新时期深化文化民生体系建设，在发展方向上，建设具有中国特色的现代文化民生体系是其建设的基本遵循。只有在正确的发展方向指引下，牢固树立并切实贯彻创新、协调、绿色、开放、共享五大发展理念，才能做到发展先进文化，实现文化民生体系建设的中国路径，这是新时期建设文化民生体系的大框架、大格局、大趋势。

中共中央办公厅、国务院办公厅于2015年1月14日联合出台的《关于加快构建现代公共文化服务体系的意见》，是指导我国未来一段时期现代文化民生体系建设的纲领性文件，在“总体要求”中首次提出了构建“具有中国特色的现代公共文化服务体系”，这是我国在文化建设中自觉自信的体现，是探索中国特色文化民生发展道路的宣言。“具有中国特色的现代公共文化服务体系”是指以邓小平理论、“三个代表”重要思想、科学发展观、习近平新时代中国特色社会主义思想为指导，全面贯彻党的十八大以来中央各项决策部署，贯彻落实习近平总书记系列重要讲话精神，按照“五位一体”总体布局和“四个全面”战略布局的总体要求，以保障人民群众基本文化权益、建设社会主义文化强国为主要目标，以正确导向、政府主导、社会参与、共建共享、改革创新为基本原则，逐步建成覆盖城乡、便捷高效、保基本、促公平的现代文化服务体系。《关于加快构建现代公共文化服务体系的意见》，指出要建设具有中国特色、重庆特征的现代文化民生体系，为重庆构建现代文化民生体系的发展指明了方向。

以人民为中心是具有中国特色的现代文化民生体系的最根本特征。习近平总书记指出，“人民对美好生活的向往，就是我们的奋斗目标”。[①]“为了谁的问题”是根本的价值判断和实践的首要问题。社会主义文化的根本特点是文化发展为了人民、文化发展依靠人民、文化成果由人民共享。只有坚持以人民为中心，才能从根本上把握中国特色现代文化民生体系的特征。我国文化民生体系建设不是以福利社会的建设为前提，而是以实现社会主义共同富裕为前提，是为人民服务的服务型政府的重要职能，其服务主体是以政府为主导，同时协调社会服务、私人服务。其服务对象不仅包括现代社会个体主义意义上的公民，也包括社会主义集体主义意义上的人民。政府不仅为公民提供文化服务，还要在文化资源的调配、管理方面发挥更主动的作用。这要求我国的文化民生体系建设不能简单地强调个体意义和抽象意义上的“公民”文化权利，而应充分重视处于社会各个阶层的人民的文化权利，重视各区域的差异性和不均衡性，把基层文化民生体系建设作为核心，全力保障最广大人民群众日益增长的文化需求。文化民生体系建设所致力于实现的公平正义应当是最广泛意义上的公平正义，是广大人民群众能够切切实实享受到的普遍的文化权利。

---

① 习近平:《习近平谈治国理政》(第一卷)，外文出版社，2018年版，第4页。

第二节 践行社会主义核心价值观的价值取向

习近平总书记指出,“培育和弘扬核心价值观,有效整合社会意识,是社会系统得以正常运转、社会秩序得以有效维护的重要途径,也是国家治理体系和治理能力的重要方面”。[①]现代文化民生体系建设作为国家文化建设以及国家治理体系建设的重要组成部分,其内在理念与实践运行必然需要社会主义核心价值观的精神引领与核心驱动,其实践进程也必然深入促进社会主义核心价值观的社会化、大众化。

以标准化、均等化为标志,公平正义是文化民生体系建设的政策精髓。重庆市文化民生体系建设发展至今,其相关政策的演进与完善,始终全面地贯穿了以公平正义为内在要求的标准化、均等化原则,充分彰显了国家在新时期更深层的公平、正义执政理念。加强文化民生标准体系的建设和实施,是推进文化民生均等化的正确路径。从构建现代文化民生体系的目标要求看,政府有责任按照国家文化民生的宏观指导和重庆市“实施标准”的要求,因地制宜地制定和实施符合实际的文化民生标准体系,运用好政策的杠杆作用,加强统筹协调,推动资金、资源、人才、服务适度向薄弱环节倾斜,将贫困县文化民生体系建设与集中连片扶贫开发结合起来,向渝东北、渝东南地区倾斜投入,逐步缩小和根除文化民生“剪刀差”。重庆市将衔接综合性公共服务中心规划,将撤乡并镇、撤村建社后闲置的文化站(室),采取盘活存量、调整置换、集中利用等方式改扩建,提升公共文化设施“建管用”水平。到2020年实现乡镇(街道)、村(社区)两级基层综合性文化民生中心全覆盖,形成以农村(行政村)半小时、城市(社区)10分钟步行距离为半径的文化服务圈。

以社会性、参与性为标志,体现文化民生体系建设治理导向。文化民生

---

① 习近平:《习近平谈治国理政》(第一卷),外文出版社,2018年版,第163页。

体系建设过程也是深入推进文化行政体制和文化事业单位管理体制改革的过程，其核心原则在于进一步推动政企、政事、政社分开，政府由“办文化”向“管文化”转变，向现代公共服务型政府转变，核心目标在于形成政府、市场、社会多元主体，多层面共同参与的文化民生参与机制及共同治理模式。一方面，相关的制度与法治建设被置于十分重要的位置，文化民生政策体系与法律体系逐步形成并不断完善；另一方面，文化民生治理中各参与主体的权利、义务关系在探索中逐渐清晰和趋于成熟。

以公益性、公共性为标志，强化社会成员对社会主义核心价值观的认同。根据《重庆市文化发展“十三五”规划》，到2020年，全市每万人拥有“三馆一站”公共文化设施建筑面积，将从568平方米增加到640平方米；每人每年平均享受“三馆一站”的服务，将从1.625次增加到2.25次。公共文化产品及服务在内容形式、供给方式、管理方式上的特殊性，决定了它必然是遵循社会主义核心价值观的文化创造与生产，这些产品和服务的生成与繁荣必定需要社会主义核心价值观所提供的精神内核，社会主义核心价值观的引领决定着其发展的内在逻辑与整体水平。同时，文化民生产品又以其公共性、公益性与其服务方式的艺术化、生活化有机结合，强化了社会成员对社会主义核心价值观的内在认同，更有效地增强了文化与核心价值观的凝聚力、向心力、亲和力，使其切实成为社会各阶层融合与社会和谐的深层精神力量和精神纽带。

第三节 彰显时代性和创新性的发展内涵和形态

第一，稳步推进文化民生法制化建设。

文化民生法制化是以调整文化民生领域社会关系为目的创设相关法律规范的活动，文化民生立法是推进现代文化民生体系建设的重要保障。应完善文化民生相关法律法规体系，明确政府的文化民生责任和各类文化民生提供主体的权利、责任，制定相关工作规则、工作程序和行为规范，为文化民生体系建设提供法治[1]保障。

在推进文化民生体系建设中，重庆市先后出台了"三馆一站"的免费开放和绩效评估方案；还加快制定现代文化民生体系实施意见和实施标准、政府购买文化服务实施意见和指导性目录、区县广播电视台标准化建设方案、社会博物馆免费开放绩效评估方案等一系列具有重庆特色的政策、制度，为推动文化民生规范发展起到了积极的作用。2016年12月19日，第十二届全国人大常委会召开第二十五次会议，在全体会议上听取了全国人大法律委员会关于《中华人民共和国公共文化服务保障法〈草案〉》审议结果的报告，并通过了最终审议。在此背景下，作为地方性法规预备项目的《重庆市公共文化服务条例》于2016年12月完成了立法文本的草拟。

通过立法保障现代文化民生体系建设，一是以保证公益性为根本。文化民生是为社会全体成员提供免费或者优惠的公共文化产品和活动的服务体系，其成本由税收形成的公共财政提供基础保障，是社会公平正义的体现。文化民生立法首要保障的必须是文化利益和文化目标的公共性。二是以保障公民基本文化权利为核心。在立法当中要尊重和关注公民的文化需求，注重发挥公民作为文化主体的主观能动性，并促进公民的文化实践和文化参与，以不断满足公民的文化消费和文化发展诉求为出发点和归属。三

①法制强调法律规范的制定，法治强调动态的立法、司法、行政执法以及守法等活动。本书有一定区分。

是以优化公共文化秩序为主线。既强调通过法律规范引导文化民生活动，坚持以社会主义核心价值观为引领，始终代表社会主义先进文化的前进方向，不断积淀和塑造社会文化价值共识，又侧重于构建现代化的文化民生治理体系，健全多元主体参与文化民生的长效机制，营造充满活力的有序的公共文化环境。四是以促进均衡发展为关键。通过法律规范和制度设计，保障地区间、城乡间、不同群体间的公民都能公平、平等地享有文化民生产品和服务，实现其基本文化权益。

第二，深化文化民生“供给侧”结构性改革。

为人民群众提供内容丰富、形式多样、健康向上、品质优良的公共文化产品和服务，是构建现代文化民生体系的出发点和落脚点。坚持以人民群众基本文化需求为导向，加强公共文化的“供给侧”结构性改革，加强对公共文化产品创作生产的引导，实施文艺精品战略，建立优秀传统文化传承体系，切实提高公共文化产品质量。调动政府、市场、社会等各方面力量参与公共文化产品的创作生产和供给。建立健全群众文化需求跟踪反馈机制，开展菜单式、订单式服务，提供更多群众喜闻乐见、充满正能量的优秀文化产品和服务，努力实现文化民生“适销对路”，让群众真正喜欢文化、参与文化、创造文化。

一是建立多元化的公共文化内容生产机制。随着现代传播技术和文化消费理念的转变，文化传播者与文化接受者的身份界限逐渐消解，人们接受文化信息的渠道已经不再局限于政府主导的各类传播平台。随着社交媒体的发展，信息制造者已经远远超出了传统文化民生部门的范畴。“人人皆是传播者”的“全民传播”实现了由“政府部门单向传播”向“多元主体双向传播”的转变，“去中心化”“用户创造内容”逐渐成为文化民生生产环节的有机组成部分。大力改变场所固定的和封闭的文化服务传播手段，实现主流渠道、民营企业、文化类社会组织以及个人广泛参与，多屏传播、多终端接收，权威媒体与自媒体结合，传统媒体和新兴媒体相结合，非营利性经营与专业化经营相结合，社会管理与人文营造相结合，有效推动基层文化服务普惠大众,形成立体多样、融合发展的现代传播体系,优化文化民生的内容生产。

二是建立文化民生效能的考评机制。加强公共文化传播的绩效考核,建立一套行之有效的传播效果监测和应用的考核标准,引导公共文化生产,确保产品"适销对路"。通过建立覆盖公共文化传播目标、媒介选择、受众反馈等环节的可控可测的效果评估机制,检测文化民生的有效性,确保文化民生的高质量。积极创新文化民生政策,通过研究供求关系,依托绩效数据,分层次、分地域合理配置文化资源,有效节约成本,提升文化民生的效率和水平。尝试建立以需定供的"群众需求项目化"的公共文化建设绩效管理机制,从数量、质量、供给方式、服务态度等多方面全面整合,综合保障各类人群的基本文化权益,保障文化民生传播的针对性。逐步探索公共文化活动的"奖惩机制",加强对文化活动组织者传播意识的培养,强化目标和绩效意识,注重文化活动的高效传播。

三是完善人才激励机制。现代文化民生均等化,人才均等化是关键。就构建现代文化民生体系来讲,人才只有在数量和质量上实现了均等化才能保障文化民生的服务均等化。人才均等化是一个相对概念,是相对均等而非绝对均等,并不意味着文化民生人才数量和质量的简单平均化和无差异化。应通过完善的人才保障和激励机制来激发人力资源的活力;加强统筹管理,建立协同机制;通过文化志愿服务激励保障机制,大力推进文化志愿服务;通过基层文化民生培训上岗机制,全面提高从业人员素质;通过人才交流机制,对贫困地区、民族地区、革命老区进行支援。

第三,着力彰显科技创新作用。

构建现代文化民生体系,必须紧跟现代科技发展趋势,积极推动高新技术在文化领域的应用。深入实施文化科技创新工程,推动文化领域共性技术、文化产品生产服务技术、文化传播信息技术等实现重点突破,加大云计算、大数据等现代科技在文化民生中的应用,发挥"互联网+"的创新驱动作用,整合文化信息资源,建设统一服务平台,优化网络服务环境,提高公共文化的覆盖率和服务效能,让人民群众享受丰富、高效、便捷的公共文化产品和服务。

一是以科技创新促进文化民生全面覆盖。文化民生重在保障全体人民群众的基本文化权益,过去产品缺乏,且难以为远距离、长效化服务提供渠道和手段,一些偏远山区、贫困地区,事实上难以实现有效覆盖。现代科学技术,特别是数字网络技术,突破了传统公共文化产品和服务提供的时空、渠道、手段的局限性,使在线远程提供、实时同步提供、专用装备就近便利提供,以及交互式、体验式、跨区域提供等成为可能,使"地无分东西南北、城市乡村",均实现文化民生的全面、均衡覆盖。

二是以科技创新促进文化民生均衡发展。运用现代数字网络技术,采用"数字文化一体机"、小型无线发射装置、远程实时辅导系统、专用视听设备等技术手段,实现大量、快捷、精准、低成本地传送公共文化产品和服务,在相当宽阔的领域实现产品远程更新、服务实时同步、需求和评价即时反馈的特点,逐步深化区域、城乡均衡发展,不断提高不同人群之间享受文化民生的均等化水平。

三是以科技创新打通文化民生"最后一公里"。在现代社会,可借助科技手段,提高文化民生实现路径的多样化水平,提高供给主体和传输渠道多元化的适应性,少一些内容浮泛、目标游离、"大水漫灌",多一些"分众服务"、供需合一、"精准滴灌",提高实效、维持长效。

四是以科技创新改进服务方式、提高服务效能。积极构建公共文化云、公共数字网站、公共文化信息智能服务终端、公共文化数字流动站等数字化传播载体,将图书馆、文化馆、艺术馆、社区文化服务中心等传统文化民生空间的海量文化资源进行有效的整合,积极研发各类APP(应用程序),通过"一站式"门户平台和丰富的智能终端接入,着力打造数字图书馆、数字博物馆等数字化生产与储存空间,为公众按需索取、随时随地获取文化资源和文化服务提供保障,从而形成"大文化"数据库,真正实现"参与式"文化民生,构建智能化文化服务空间。

第四,加快文化民生社会化进程。

一个良好的资金保障体系是文化民生的血脉。国外经验表明,政府公共财政对公共文化只能进行有限度的投入,政府的责任应该是引导更多的企业和社会公众对公共文化进行投资。在现代文化民生体系里,政府依然负有提供公共文化服务的首要责任,但政府主导并不等于政府包办,并不意味着政府就是文化民生的唯一供给主体。促进文化民生社会化,是调动社会力量参与积极性、激发全社会文化创造活力的内在要求。应探索创新政府、市场和社会良性互动、共建共赢的模式。

政府应进一步简政放权,吸引社会资本投入公共文化领域。积极探索将财政投入以直接拨款为主转为购买服务、项目补贴、以奖代补、基金制等多种方式的路径,形成竞争机制。政府面向全社会一视同仁地发现、扶持购买对象或多元主体,精心培育专业化领域,公平、规范地运用好市场机制,综合运用规划、政策、标准等行政工具,加强对社会和市场的指导和监管,对购买服务的社会效益和资金运用效益进行综合评估,使资源配置从文化系统"内循环"逐步转为面向市场和社会的"大循环",逐步改进公共文化行政方式,提高行政服务效率。

构建多样化文化民生运营模式。一是公益性文化事业单位运营模式。政府根据各文化单位的职能,通过指定或政府采购的方式挑选运营机构,与其签订服务协议,明确权利责任,制定服务标准,优化人事和薪酬制度,建立绩效考评和激励机制,设立政府部门、第三方专业评估机构和社会共同参与的监督评价体制等。二是营利组织运营模式。按照营利组织在文化民生体系不同环节发挥的作用以及和政府合作的方式,营利组织运营模式可以分为三种形式,即委托生产、合同外包、特许经营等。三是非营利性机构运营模式。非营利性组织基于在公共文化运营中所发挥的功能,通常可以采用三种模式:服务替代、拾遗补阙和协同增效。

第五,不断深化公益性文化事业单位改革。

深化公益性文化事业单位改革,应更加明确区分政府、社会、市场三者的关系，各归其位、各负其责，更加公平、更加合理、更加高效地配置公共文化资源，建立健全现代文化民生组织体系，改变过去公益性文化组织机构"孤岛"式的存在形式和运行方式。

通过建立健全重庆市文化民生的民主管理体制，确保文化民生单位不偏离自身的公益属性，不断提升文化民生的质量和绩效。通过建立和完善法人治理结构，明确文化民生单位各个利益相关者的权利、义务与责任，吸纳社会各界代表和群众广泛参与，构建以公益目标为导向、内部激励机制完善、外部监管制度健全的治理结构和运行机制，实现决策、执行、监督三方的有效制衡，最终形成文化民生单位独立运作、自我发展、自我约束、自我管理的现代文化民生运行体系。与此同时，逐步提高人民群众依法管理公共事务的能力。

路
径
选择

第八章 加快重庆文化民生建设的路径选择

第一节 坚守思想文化阵地

党的十八大以来,重庆致力于保障和改善民生,努力体现好、实现好、维护好最广大人民的利益,积累了十分丰富的经验。针对已经暴露出的文化民生建设问题,必须根据当前实际情况,根据党的一系列重大方针、部署和重庆的发展要求,探索出积极有效的文化民生建设的对策。

我们在建设文化民生的过程中,要时刻牢记文化民生建设的首要任务和使命,就是为了解决本国人民的精神安顿问题。必须坚守文化民生建设的思想文化阵地。"思想文化阵地,马克思主义、无产阶级的思想不去占领,各种非马克思主义、非无产阶级的思想甚至反马克思主义的思想就会去占领。"①为了坚守文化民生建设的思想文化阵地,就必须以马克思主义为指导,培育社会主义核心价值观,增强社会主义核心价值观的整合能力。

一、巩固马克思主义在文化民生建设中的指导地位

用马克思主义理论及其中国化的最新成果牢固占领思想文化阵地,指引文化民生建设的前进方向,这是中国共产党制定正确的文化民生发展战略的根本保证,也是加强文化民生建设的首要前提。回顾中国共产党人以往在革命建设、改革开放实践中所取得的成功经验,我们不难看出,马克思主义对中国特色社会主义事业的发展的的确确起到了非常有效的指导作用。坚定马克思主义的信仰,使与时俱进的马克思主义始终占领思想文化的制高点,不仅能推进文化民生建设,更能领导全国各族人民团结奋进。

(一)推进马克思主义中国化时代化大众化

习近平总书记曾概括道:"实际工作中,在有的领域中马克思主义被边

---

① 江泽民:《江泽民文选》(第三卷),人民出版社,2006年版,第97页。

缘化、空泛化、标签化，在一些学科中'失语'、教材中'失踪'、论坛上'失声'。这种状况必须引起我们高度重视。"[①]这要求马克思主义理论必须与时代的变迁、实践的发展始终保持最紧密的联系，不断聆听时代呼唤、解决时代课题，不断把握时代脉搏、指导实践前行。

推进马克思主义中国化时代化大众化，应维护主流意识形态安全。马克思主义不但要与西方的意识形态渗透做斗争，也要批判国内的各种错误思潮。与此同时，对于马克思主义理论的宣传普及工作一刻也不能放松，必须始终坚持正确的价值导向，牢牢占领意识形态阵地，不断巩固马克思主义对意识形态的指导地位。

推进马克思主义中国化时代化大众化，应增强主流意识形态的吸引力。中国特色社会主义的建设主体是人民群众，马克思主义理论的受众主体也是人民群众。马克思主义只有不断反映人民群众的生动实践和现实生活，不断回应人民群众的呼声和诉求，才是真正实现与时俱进，才能切实提高人民群众对主流意识形态的认知认同，才能使得马克思主义在意识形态领域指导地位的巩固有坚实的群众基础和强大的人力支撑。

推进马克思主义中国化时代化大众化，应提升主流意识形态的凝聚力。任何一种真理，只有为人民群众所普遍接纳，得到人民群众的自觉践行，才能演化为强大的精神力量。马克思主义是具有鲜明意识形态性的科学理论体系，具有重要的凝聚共识、统一行动的作用。因此，我们要不断推进马克思主义中国化时代化大众化，使之不断被赋予中国气派、人民属性和时代特性，激励广大人民群众砥砺前行，不断彰显其强大的凝聚力和向心力。

（二）发挥好主流媒体的媒介作用，主动占领网络新阵地

我国拥有世界上最多的网民，网络媒体已经成为网民发表舆论的日常平台，这就要求我们必须主动占领网络这块新阵地。主流媒体要有敏锐性和洞察力，坚持正确的舆论导向，高度重视传播渠道建设和创新，以主流、权

① 习近平：《习近平谈治国理政》（第二卷），外文出版社，2017年版，第329页。

威的姿态立足于网络、微博、微信等新兴舆论阵地，开展马克思主义理论成果的宣传工作，提高自身的传播力、引导力、影响力、公信力。

发挥重点网站、论坛作为意见领袖的作用，比如人民网、新华网，带有商业性的新浪网、腾讯网等，利用这些重点网站的影响力，能够最大限度地引导人民融入马克思主义理论学习的氛围之中。

要密切重视网络舆情，关注网上热点，与网民互动交流，对网民的言论进行客观理性的引导。要把坚持正确的意识形态落实到具体宣传活动中，善于用引导来替代硬性“灌输”，要巧妙地把握好引导的时机和节奏，以使宣传效果达到最佳。

二、增强社会主义核心价值观的引领能力

我们在推进文化民生建设的过程中，要坚守思想文化阵地，就必须以社会主义核心价值观来引领多元价值观念。要增强社会主义核心价值观的整合能力，就必须促使社会主义核心价值观日常化，创新社会主义核心价值观的宣传平台。

（一）推动社会主义核心价值观日常化

要推动社会主义核心价值观日常化，让核心价值观真正被民众普遍接受、理解和践行，就必须使核心价值观与民众的日常生活对接，成为民众日常的生活价值理念，规范民众的日常行为，并以此得到全体民众的普遍认同。任何社会的核心价值观只有当它深入民众的道德意识之中，民众将其内化于心，才能实现社会价值和个人价值认同的统一，才能在社会中确立其核心地位，最大限度地发挥它的引领作用。

（二）将社会主义核心价值观融入文化产品

社会主义核心价值观的有效整合，必须建立在广大群众的正确理解、接受和认同的基础上。如果将社会主义核心价值观局限在书斋里，那么所谓

的社会整合也就无从谈起。

文化产品是文化传播的重要载体，通过影视、新闻、文学作品等大众易获取的渠道，直接影响人们的思想道德、价值选择和审美观念，满足人们多元化的精神文化需求。正是因为文化产品的这一特点，才能使文化产品在社会主义核心价值观的整合中起作用。"文艺领域价值观的倾斜，从根本上讲是社会生活领域价值观倾斜的精神折射和形象反映。"[①]有什么样的文化指导思想就会产生与之相应的文化产品，而有什么样的文化产品就会对人民的价值观产生什么样的作用。如《历史转折中的邓小平》《奠基者》等剧作传递给观众的是集体主义价值观，体现的是高尚的爱国主义情怀。《平凡的世界》等作品很好地将主旋律与群众生活紧密结合，是能够鼓舞人民砥砺前行的正能量作品，有助于广大群众对社会主义核心价值观产生共鸣和认同，从而达到对社会价值观进行整合的目的。

---

① 董学文:《文艺领域价值观倾斜的理论根源》,《高校理论战线》,2011年第7期。

第二节　弘扬与创新中华优秀传统文化

中华文化独一无二的理念、智慧、气度、神韵，增添了中国人民和中华民族内心深处的自信和自豪。弘扬与创新中华优秀传统文化需要构建中华优秀传统文化传承体系，挖掘优秀传统文化与当代实际的契合点，促进优秀传统文化与现代传媒相结合。

一、构建中华优秀传统文化传承体系

弘扬与创新中华优秀传统文化必须着力统筹谋划，构建文化传承体系。重庆应加强巴渝文化研究阐释工作，深入研究和阐释巴渝文化的历史渊源、发展脉络、基本走向，深刻阐明中华优秀传统文化是发展当代中国马克思主义的丰厚滋养，深刻阐明传承发展中华优秀传统文化是建设中国特色社会主义事业的实践之需，着力构建有巴渝底蕴、重庆特色的思想体系、学术体系和话语体系。深入实施“互联网+中华文明”行动计划，推进文物保护重点工程、大足石刻中华文明展示体验片区和红岩遗址群革命史迹展示体验片区建设。构建以重庆中国三峡博物馆为龙头、区县和专题博物馆为支撑、非国有博物馆为补充的博物馆体系，充实完善“五大博物馆群”建设，推出“千秋红岩”等一批高水平原创展陈，传承重庆历史文脉。实施“中国传统工艺振兴计划”，加快武陵山区（渝东南）土家族苗族文化生态保护实验区、非遗特色小镇（街区）建设，实施传统工艺振兴工程和非遗传承人群研修培训计划，开展民间文化艺术之星评选，培育渝东南民族文化节、苗族踩花山、铜梁龙舞、丰都庙会等民俗活动品牌，推动荣昌夏布、梁平竹帘、涪陵榨菜等传统技艺发扬光大，不断激活非遗传承保护活力。建立健全巴渝优秀传统文化传承体系的人才培养机制，形成一支知识底子硬、专业技能强的专家队伍，真正建立起与传承、弘扬优秀传统文化，与建设文化民生目标相匹配的文化人才支撑体系。

二、实现优秀传统文化现代性转化和当代文化繁荣兴盛的有机统一

中华优秀传统文化现代性转化是一个极为重要的问题，中华优秀传统文化的现代性转化需要适应现代文明的走向。

实现优秀传统文化现代性转化和当代文化繁荣兴盛的有机统一，要促进优秀传统文化与现代传媒相结合。现代传媒的传播方式，更加有利于中华优秀传统文化的宣传和文化创意产品的传播，可以对中华优秀传统文化的表现形式进行创新。诗词歌赋是我国传统文化的瑰宝，蕴含着悠久的历史文化，可通过文化创意产业对文辞优美的传统诗歌、乐曲等加以创新，采用现代的艺术形式进行展现，使其焕发出勃勃生机。不少耳熟能详的歌曲就是从传统唐诗宋词中汲取营养的，深受广大群众的喜爱。借助现代科技手段，可提升中国传统文化的感染力和表现力，使得中国传统文化更容易被广大人民群众接受和认同。

当前，人们思想观念多元，获取信息渠道多样，精神文化生活多姿多彩，在这种情况下，必须与时俱进，创新传统文化宣传的载体和抓手，把工作往实里做、往深里做，做到受众的心里去。中央电视台推出的《中国汉字听写大会》《中国成语大会》等一批优秀电视节目，倡导的全民阅读、礼仪课堂等活动，之所以深受群众欢迎，关键是其摒弃了“老套路”，借助网络传媒的外衣，创新了内容和形式，做到了内容鲜活、形式活泼。我们要借鉴优秀的经验做法，在宣传手段上、渠道上大力创新，找准与时代的对接点、与受众的共鸣点，在教育引导、舆论宣传、文化熏陶、实践养成等方面，都要有使受众喜闻乐见、易于参与的载体和抓手，真正让中华优秀传统文化像空气一样无所不在，起到潜移默化、润物无声的作用。

第三节 加快推进公共文化服务均等化进程

加快推进公共文化服务均等化进程,保障人民的基本文化权益就必须优化公共文化服务资源配置,提升现代公共文化服务效能。

一、优化公共文化服务资源配置

一是推进不同文化群体均衡发展。社会阶层分化,各文化群体发展也呈现非均衡态势。应推进公共文化服务的均衡发展,满足不同群体的文化需求,体现公共文化服务的公益性、均等性,让不同群体共享文化发展成果。要照顾不同群体的具体情况,因势利导,采取对应措施弘扬积极向上的健康文化,推进社会各阶层文化民生的均衡发展。

二是推进各区域文化均衡发展。要以暂时落后的地区为重点帮扶对象,投入更多资金,制定并落实长远的区域文化发展战略,从人、财、物等多方面推进公共文化服务均等化进程。

三是推进城乡文化均衡发展。应多途径去统筹规划,顶层设计,建设农村公共文化服务设施网络,将农村文化建设摆在突出位置,通过文化惠民工程实现城乡文化资源的互通共享,扩大农村基本文化公共服务的覆盖面,实现城乡文化共同发展繁荣。只有均衡发展,才能实现城乡科学发展和满足群众日益增长的精神文化需要,进而实现文化繁荣。

二、提升现代公共文化服务效能

提升现代公共文化服务的效能,是为了更好、更充分地为人民群众提供文化服务。应通过提升服务效能,追求公共文化服务的效益最大化,增强人民的获得感与幸福感。构建现代公共文化服务体系的重难点在基层。要提升基层现代公共文化服务的效能,就要坚持重心下移、资源下移、服务下移,进一步完善覆盖城乡的基层公共文化设施网络。

其中建设高素质基层文化人才队伍,是公共文化服务体系建设的关键环节,是提升现代公共文化服务效能的关键。应深入实施“人才兴文”战略,加强公共文化服务队伍教育培训,提高基层公共文化从业人员的职业道德、职业素养和专业技能水平。第一,各级文化部门应摒弃以往人才培养的模式,各级公共文化服务从业人员也应转变思想,提高思想觉悟,变被动式的受训为主动的学习。同时政府要制定相应的政策来培养文化人才,通过政策的制定实施,深化改革文化人才队伍体制,制定和完善激励措施,鼓励公共文化服务人员自觉提高自身素质,并加强文化服务带头人的培养,充分发挥公共文化服务人才在公共文化服务体系建设中起到的作用。第二,建立文化服务队伍的激励评价制度,在一定程度上可以提高公共文化服务队伍的思想素质和增强其进取精神。党和政府要时刻秉持人才强国的理念,积极培养创新型文化人才,挖掘基层文化骨干的潜力,培养其管理能力和创新能力。吸收各领域优秀人才加入公共文化服务的队伍,扩大公共文化服务领域,在新时期满足现代公共文化服务的需要,更好地服务文化民生建设。

第四节　推进文化产业健康发展

要推进文化产业的不断健康发展，满足人民多样化的精神文化需求，就需要加强对文化产品创作生产的引导，提高文化产品质量，培育健康的文化创作环境，引导文化工作者“以人民为中心”，创作出人民群众喜闻乐见的文化产品。

一、加强对文化产品创作生产的引导

文化产品的创作生产，必须聚焦中国梦的时代主题，以中华优秀传统文化为根脉，以创新为动力，大力弘扬社会主义核心价值观，唱响爱国主义主旋律。

（一）使“以人民为中心”的生产导向成为文化工作者的共识

体现文化民生建设成效的重要标志之一就是生产并且创作出越来越多的反映历史、时代和人民精神面貌的优秀作品。党的十八大强调要坚持以人民为中心的创作导向，提高文化产品质量，为人民提供更好更多的精神食粮。文化产品要宣传正确的价值导向，传播科学先进文化，弘扬社会正气。文化产品的质量代表了国家的文化发展水平，要实现文化的大发展大繁荣，必须严把文化产品创作的质量关。在新的时期，我们要在坚持解放思想、实事求是、与时俱进的基础上，创作出符合社会发展规律、人民群众喜闻乐见的文化产品。要加强文艺创作的人民性导向，引导文化工作者深入生活、扎根人民。文化工作者是文化产品的创作主体，只有引导文化工作者坚持正确的创作立场，才能使文化产品的发展方向不出现偏差。人民性是文艺工作者必须坚持的创作导向，文化产品应来源于人民生活，回归于人民需求。中国的文化创作需要有更多更好的能够满足人民需求的优秀作品，而不是只求利益的快餐产品。要大力弘扬全国各族人民在中国共产党的领导下走中国特色社会主义道路、全面建成小康社会和实现中华民族伟大复兴宏伟事业的主旋律，重点强调改革开放和社会主义现代化建设所取得的伟大成就，讲好中国故事，传递中国好声音。

（二）培养文化工作者的“工匠精神”

我们不仅要引导文化工作者创作真正面向人民的文化产品，还必须增强其思想性和艺术性，提升人文精神含量。李克强总理在政府工作报告中提出，“要大力弘扬工匠精神，厚植工匠文化，恪尽职业操守，崇尚精益求精，完善激励机制，培育众多‘中国工匠’，打造更多享誉世界的‘中国品牌’”。[①]文化工作者的“工匠精神”，就是其要树立精品意识，克服急功近利和浮躁的心态，在文化领域精雕细琢、精耕细作，深层次挖掘作品的主题，提升作品的艺术含量。文化工作者必须带有对人民负责，对作品负责，也对自己负责的正确心态投身艺术创作。对人民负责，不是一味去迎合群众口味，而是要按照社会主义核心价值观的要求，深刻理解以人为本的内涵，讴歌真善美，传播先进文化。

二、深化文化产业供给侧结构性改革

供给侧改革是文化需求得到有效满足的必然选择。文化供给对人民群众文化需求的满足程度，可以衡量出现阶段我国文化民生建设的人民满意程度。随着经济社会的不断发展，近年来我国文化消费环境有了很大改善，消费水平显著提高，消费能力大幅提升，文化产品种类不断丰富，消费渠道也越来越多样、便捷，居民文化消费在消费中的比重也越来越高。中国人的文化消费需求逐步释放，是中国文化产业大发展的充分依据。缺口巨大、消费潜力有待进一步释放是我国文化消费的现实情况。满足这些潜在的文化需求，就要进行供给侧改革。文化供给质量是创造和满足文化消费需求的

---

① 李克强：《政府工作报告》，《中国政府网》，http://www.gov.cn/premier/2017-03/16/content_5177940.htm。

前提保障。文化供给的健康发展要坚持社会效益和经济效益双丰收,做到量大质优。随着人均收入和人民精神生活水平的提高,我国居民文化消费支出逐渐增加,文化消费需求层次不断提高且日益多样化。2015年12月,中共中央办公厅、国务院办公厅印发的《关于推动国有文化企业把社会效益放在首位、实现社会效益和经济效益相统一的指导意见》,对国有文化企业发展方向提出了明确要求。如何在市场价值和社会价值之间找到平衡点,避免因急功近利导致的粗制滥造,是实现文化产品从注重"增量"向注重"提质"转变的关键。

杜绝低俗供给。杜绝低俗供给,首先要提高广大人民的文化审美层次,使其自觉抵制那种丑态百出的"愚民之乐"、病态媚态的"低俗之文"。其次应建立警示名单和黑名单制度。文化管理者要对低俗产品和服务的负面清单做到心中有数,画出清晰的市场"高压线",依法行政、严格执法,建立起有效的惩戒机制,为文化产品生产者戴上"紧箍"以约束低俗生产行为。最后要重点引导互联网络文化产品。随着互联网络时代的到来,文化市场涌现出一批新兴文化产品,如网络书籍、微电影等。这类文化产品吸引了大批青少年,并逐渐成为他们日常接触文化的重要媒介。我们要警惕封建落后文化利用互联网络"卷土重来"。对网络文化产品实施正确的引导要求我们必须加大规范力度,扫除网络中的文化糟粕,引导网络文化健康发展。

提高优质供给力度。要为人民群众提供更多更好的精神文化食粮,就一定要把好文化产品的质量关。第一,培育文化精品和优质文化品牌。实施文化精品工程,有效发挥专项资金引导作用,加大对文化精品创作生产的扶持力度。第二,建立科学的文化产品评价机制和评价标准,把群众评价、专家评价、政府评价同市场检验结合起来,不能"唯市场论"。要积极发挥文艺评论在引导文艺创作生产、提高作品质量、提升受众审美情趣、扩大社会影响等方面的积极作用。只有提升文化供给质量,增强文化供给的有效性,鼓励生产那些启迪心智、陶冶心性、满足消费者较高层次精神追求和情感体验的文化产品,才能在真正意义上实现文化民生建设的最终目的。